リーダー必読！「ほめ達」の極意

やる気を引き出す「心の報酬」

西村貴好
Takayoshi Nishimura

PHP

はじめに

働くことが罪や罰であるならば、起きている時間の半分以上が、苦しみの時間になってしまいます。ところがもし、上司からの言葉で、自分の仕事や職場を、自己の可能性を広げ、自己実現できる舞台、場所にすることができたなら、どうでしょう。その人の人生の景色はまったく違って見えてくるはずです。

これからのリーダー・上司の重要な役割の一つは、「働きがいの創造」です。会社や組織から与えられる給与や昇進、福利厚生などの目に見える報酬とは別に、「心の報酬」を用意して、周りに手渡すことが必要なのです。

ますます機械化が進む時代だからこそ、人間だけができる創造的な仕事の価値が上がります。そのような創造的な仕事を実現するために、部下、そして組織全体のやる気を引き出し、活性化する能力が、リーダーには求められるのです。その具体的な実践法が、「心の報酬」を渡すということです。

本書では、NTTグループや自治体、大手生命保険会社、二年連続定時運航率ナンバーワンを実現したスカイマーク、さらには全国チェーンの飲食店などで導入されて成果を上げ続けている「心の報酬」の渡し方、その方法を公開していきます。

理論、理屈ではなく、すべて、すぐに実践できる内容です。また、効果が実証されているものばかりです。例えば、「小さな頼みごとをして感謝を伝える」「挨拶に一言加えたり、名前を呼ぶ機会を増やす」。あるいは、つい当たり前だと思っている、部下の行動やその貢献に気付き、「ねぎらう」。

なお、「ねぎらい」などの「心の報酬」は、見渡してみると、すぐそばの身近なところに溢れています。誰もが見つけられて、渡すことができて、それでいて、誰もが十分に受け取っていないもの。これが「心の報酬」。誰もが心の底で渇望しながら、流通量が圧倒的に少ない。その希少さゆえに価値が非常に高いのです。

そして、「心の報酬」を、まるで手品のように身近なところから取り出し、渡せる人は、周りから見て、非常に魅力的な人物となります。人としての魅力が上がるのです。人としての器量が上がり、器が大きくなるのです。

このような人は、一手間多い人です。一手間かけて、相手を観察して、一手間かけて、相手の成長度合いや貢献ぶりを伝える。一手間かけて準備をする。準備をしないということは、何もしないことではありません。準備をしないということは、失敗をする準備をしているということになります。

この本を読まれるあなたは、まさに上司としての準備を、本書を読むことでされているのです。一手間かけて、本書を読み、一手間かけて、本の中から実践できそうなものに挑戦してみる。素晴らしい挑戦、実践です。

実践に当たって、「心の報酬」の効果は時間をかけて現れるということを、まず知っておいてください。即効性のあるものもありますが、それはむしろ稀です。即効性を求めずに、土の中に種を蒔く感覚でお渡しください。

「心の報酬」という種を蒔いて、蒔いて、蒔き続けるのです。すると、やがてその種が順次芽を吹き出し、花と咲き、果実として実りだします。最初には変化は見えなくても、ある時から、時間を味方につける生き方ができるようになります。時間とともに、思っても見なかった部下の成長という感動と、驚くべき成果という果実を手にすることができるのです。

そして、部下に与える「心の報酬」は、自分自身の心にも戻ってきます。与える方が、最も多く受け取る、これもまた「心の報酬」の特徴です。

さらに、心の報酬は、職場だけの処方箋ではありません。部下だけでなく家族や、身の周りの人との関係性にも大きな変化を及ぼします。

やがて、この「心の報酬」が、自分自身に帰ってくることを楽しみに、小さなところから、ぜひ実践してみてください。

西村貴好

二〇一九年一一月

やる気を引き出す「心の報酬」 目次

5章

効果を高める11の強化策

6章 結果を出すチームビルディング

7章 「チームの若手」のやる気の高め方

8章 心のしなやかなリーダーになるために

装幀：印牧真和
装幀写真：iStock.com/taa22
編集協力：今井順子

1章

なぜ「心の報酬」が必要なのか

最近の部下の扱いが難しい理由

「部下が何を考えているかわからない」「こちらの言うことをきかない」「すぐ辞めてしまう」「チームがまとまらない」「結果が出せない」……。チームリーダーとして若手をまとめる立場の人には、そんな悩みを抱える人が少なくありません。「自分が若手の頃は、上司の指示に素直に従った」「会社のために頑張って働いた」「それに比べていまの若者は……」と不満を持つ人もたくさんいます。

最近の部下はなぜ扱いが難しいのか。一つには、わかりやすい報酬が減ったことが挙げられます。給料が右肩上がりだった時代は、若い頃の苦労は「昇給」というかたちで報われました。地位も係長、課長とキャリアに応じて上がっていきました。

それが現在は多くの会社で、給料も地位も右肩上がりになる保証はありません。まっとうに働いても社会情勢の変化などでリストラにさえあいます。

加えて大きいのが、若者たちの価値観の変化です。かつてモーレツ社員が当たり前だった時代には、「頑張ることが格好いい」という価値観が存在していました。頑張って成果を出し、給料や地位が上がることに価値を見いだす。高級ホテルでおいしいディナーを食べたり、高級車に乗ったり、大きい家に住んだりするのも、そうでしょう。

いま若者たちは、そうしたものに「格好よさ」を感じなくなっています。それよりも「働きがいのある仕事をしたい」「誰かの役に立っていることを実感したい」、そうしたことに重きを置くようになっています。とくに二〇一一年の東日本大震災以来、その傾向が強まっているように思います。

これまでの絶対的な価値観が揺らぎ、もっと別の大事なものがあるのではないかと、感じるようになっているのです。マーケティングの名のもと心理操作が行われ、踊らされているのではないか、そんなことに気づきだしているのかもしれません。

マーケティングが悪いわけではありませんが、マーケティングは多くの場合、「いかに多く売るか」「いかに企業利益を上げるか」に主眼を置きます。そこから生まれた「消費が格好いい」という価値観に距離を置くようになっているのです。物品的な豊かさとは違うものにも価値を見いだす。その意味で、いまの若者は進化しているとも言えます。

さらに言えば、情報格差の逆転という問題があります。昔は一つの業界で新人と上司や先輩とでは、持っている情報量が大きく違いました。上司や先輩は長年、その業界にいる中で集めた情報をたくさん持っていたのです。一方、新人は知らないので、上司や先輩に教えてもらうしかありません。自然と尊敬を得やすい位置にいたわけです。

ところがいまはインターネットを見れば、その業界に関する知識や最新情報を得ることができます。若者のほうが情報収集に長けていて、むしろ若手のほうが最新情報をアップデートできていることも多いのです。

もちろん上司や先輩には、若者にはない「**知恵**」があります。どんなに**知識**があっても、机上の空論で役に立たないものは多くあります。本当に役立つのは経験を通じて身につけた「**知恵**」ですが、若者には知恵と知識の違いがわかりません。「知識や情報だけなら、自分のほうが持っている」となり、上司や先輩に敬意を持ちにくいのです。

上司や先輩が思うほど、部下や後輩に自分たちの気持ちが伝わっていないこともあるでしょう。「自分はこの部下に期待しているから、厳しいことも言えば叱りもする。それもすべて部下のためだ」、そんな思いでいるかもしれませんが、その気持ちはまず伝わっていません。結果として、部下は「なぜ自分ばかり、叱られなければならないんだ」と不満に思い、やる気をなくしたり、場合によっては辞めたりするのです。

そもそも「心の報酬」とは何か

そうした時代にあって、部下のやる気を引き出すには、どうすればいいか。それは「心の報酬」を渡すことです。「お金の報酬」は、会社から毎月支払われます。とはいえ前項でお話ししたように、いまの若者にとって「お金の報酬」は大きな動機になりません。もちろん不足すれば、やる気にブレーキをかけてしまいますが、アクセルとはならないのです。

彼らを動かすには「心」を満足させることが大事で、心が満ちてこそ人はやる気になるし、「この思いのため、この会社のために頑張ろう」ともなるのです。

相手の「心」を満たす「心の報酬」には、まず大きく分けて二種類の報酬があります。一つ目は「成長の実感」、二つ目は「貢献の実感」です。本書は、理論を学んでいただく本ではなく、実践のための実用書なので、細かな説明は極力省かせていただきますが、これだけは知っておいてください。極論すると、レベルアップや成長実感させることで時間やお金を消費させるゲーム。そのゲームにハマって育ってきたゲーム世代の若者は、職場や日常などでも「**成長を実感する**」ことに飢えています。また、東日本大震災を契機として、自分が誰かの役に立っているということを知りたい、誰かから感謝されたい、人の役に立つことをしたい、という「**貢献欲求が高い**」若者も増えています。ですから、成長実感の演出と自分たちの仕事の再定義＝「自分たちの仕事は、社会の役に立つ仕事である」。これもリーダーの重要な仕事になってきているのです。

そして、この二つの「心の報酬」よりも、**もっと手軽で価値の高い報酬があります**。本書では、むしろこちらの報酬に重きを置いてお伝えしていきます。なぜならば、渡しやすいものでありながら、流通していないもの。すぐに実践可能で希少価値の高いものだからです。それは「**ねぎらい**」です。

「ほめる」というと、何かいいことをしたとき、基準を超えたときに伝えるという印象がありますす。ところが「ねぎらい」は、やって当たり前のことに対する、気づきや共感、感謝を伝えることなので、いつでも相手に伝えることができるのです。また、多くの人が求めながら、与えられていないものでもあります。「ありがとう」の反対は、「当たり前」です。当たり前だと思った瞬間に感謝や価値がなくなるのです。「ねぎらい」を含む、「心の報酬」これこそが、いま、みなが心から求めているものなのです。

需要に対し、供給が圧倒的に足りていない

私のセミナーに参加するチームリーダーや中間管理職の人たちに聞いたときの反応です。セミナーでよく「自分が上司やお客様からもらってうれしいもの、『お金ではない報酬』とは何ですか」と質問をします。続いて「自分の部下や後輩にとって、何が『心の報酬』だと思いますか」と尋ねます。

いずれも紙に書いてもらうのですが、見ると、「契約をとってきたとき、一緒に喜んでくれた」「ねぎらってもらったとき」「小さなことを覚えてくれている」「チャレンジしているところを見てくれている」「自分の気づかないところをほめてくれた」などと、いろいろな事例が出てきます。

問題はここからで、「いま書いた『心の報酬』を最近もらっていると思う人は手を挙げてください」と尋ねると、全然手が挙がりません。さらに「最近渡したと思う人は手を挙げてください」と尋ねても、やはり手が挙がりません。

つまり「心の報酬」をみんな欲しいと思っている。ところがもらっていないし、渡して

もいない。これが多くの会社や組織で起きていることで、需要に対し、供給が圧倒的に足りていないのが「心の報酬」なのです。

本書では、具体的な「心の報酬」の渡し方を具体的に紹介していきます。実践のための「使えるテキスト」です。いますぐ、実践法だけ知りたいという方は、第4章以降にお進みください。第2章では、「心の報酬」を使って実績を上げた事例をご紹介。第3章では、「心の報酬」を有効に使うための心構えをお伝えしています。

現状に不満を持つのもリーダーの役割

多くの人が求めているのに、実際には渡っていない「心の報酬」。そこには大きく四つの理由があります。まず一つはリーダー、とくに現場のリーダーはそもそも「心の報酬」を与えにくいのです。

現場のリーダーは、つねに「どうすれば、いまよりもっとよくなるか」を考え続ける人です。現状に不満を持つのが仕事で、つねに不満を探し続けるのが現場のリーダーです。現状に不満を持ち、それが怒りに近いほどの強い感情、エネルギーとなり、改善策を実行してこそ、物事を完成させたり、成果を出したりすることができるのです。

とはいえ、その怒りをそのままぶつけては、周囲はついてきません。「心の報酬」が求められる時代はとくにそうで、そのエネルギーを変換し、みんなが心の安心・安全を感じられる伝え方をする必要があります。

怒りのエネルギーを抑え、別のところに意識を持つ。現場への不満を別の伝え方をすることで解消し、結果につなげる。それが今日求められているリーダーのあり方なのです。

「ダメ出し」という人間の本能

現状に不満を抱くのは、じつはリーダーに限ったことではありません。そもそも人間は、「ダメな部分を探してしまう本能」「ダメ出しをしてしまう本能」を持っているのです。

二三ページの絵を見てください。「この絵に三角形がいくつありますか」と尋ねると、ほとんどの人が「二つ」と答えます。正解はゼロです。三角形とは三つの頂点と、それを結ぶ直線でできた図形です。絵の中に条件を満たす形は、一つもありません。円が欠けた図形が三つと山折りの線が三つあるだけで、三角形はゼロです。

それでも「三角形はいくつ?」と聞かれると、実際にはない部分を無理やりつなげて、あるように見てしまう。現実の世界でも同じことが行われていて、たまたま気づいた欠けた部分を見て、マイナスに相手を評価する。欠点を見つけたり、ダメ出しをするのは人間の本能だからです。

欠点を見つけ、ダメ出しをするのは危険を避けるための生存本能の一種です。たとえば人は、緊張したり興奮したりすると、手のひらや足の裏に汗をかきます。これは人間が進化する上で残された本能です。たとえば危険な敵、猛獣などが襲ってきたとき、地面をぎゅっと握って走って逃げる。木に登って逃げるときは、さらに枝をしっかり握れるように。こん棒を握って戦うときも、しっかり握ることができるように。そうした本能があるから緊張したり興奮したりすると、手のひらや足の裏に汗をかくのです。

同じように人間は身を守る本能によって、周囲の人の欠点、できないところ、不安材料に目を向けてしまうのです。現代において私たちの心や体を蝕む天敵は、猛獣ではありません。何とも言えないぼんやりした不安感、圧倒的に提供されるネガティブな情報などが私たちを脅かす天敵です。これらにより、本能が騒ぎ周りの人たちの美点や長所を見つけ

にくくなっているのです。

ほめるのが怖い理由

「心の報酬」の中でも、最も効果が高いものの一つは相手をほめることです。ところが「ほめる」という言葉を聞いて、ネガティブな反応をする人が少なくありません。「ほめて調子に乗ったら、どうするんですか」というのです。

これは私に言わせれば、「お化けが怖い」と同じです。みんなお化けを怖がります。お化けが出そうだからと、暗がりに行きたがらない人もいます。しかし暗闇を歩いて実際にお化けに会った人は、どれだけいるでしょう。

「ほめる」も同じです。ほめたからといって悪いことは起こりません。「ほめることで、悪いことが起きたらどうする」と怖がる人は、じつは別のことを怖がっています。

ほめることを怖がる人は、相手をほめません。いいところも見ようともしません。伝えることもありません。ほめなければ、悪い結果を相手のせいにできるからです。

結果が悪いから叱る。叱るのは相手が悪いからで、自分は悪くないという理屈です。逆に相手のいいところをほめて、いい結果につながらなければ、ほめた自分がダメということにもなります。ほめたのに、いい結果が出なかった。それが怖いのです。

ただ、ほめる達人＝「ほめ達」は叱ったり注意しない人ではありません。正しく叱ったり、注意できるようになる方法を知っている人です。詳しくは後の三七ページで述べていきます。

目の前のことに集中しすぎて気づかない

いまやらねばならない仕事、目の前の仕事に集中しすぎると視野が狭くなります。これもまた「心の報酬」を渡せない理由の一つです。

仕事に集中するのは、悪いことではありません。ただ、一つのことにとらわれすぎると、他のよいことに目が向けられなくなってしまいます。

目の前の仕事や数字にとらわれ、仕事の意味を見落としていないか。いまの仕事は本来、お客様にどんな価値を提供するものなのか。

直接「ありがとう」とは言われなくても、誰の役にも立たない仕事などありません。世の中を支える重要な役割を果たしています。仕事で大変なこともたくさんあるけれど、それは自分の成長にもつながっています。私たちの周りには感謝すべきもの、価値あるものがたくさんあるのに、それに気づかず暮らしていないか。

目の前の仕事に集中しすぎて、周りにあるよいところに気づかない。自分が「心の報酬」をもらっていないから、周りの人たちにも渡すことができない。そんなことになっていないか、考えてもらいたいのです。

あるいは、こんな人もいるかもしれません、自分はいまの仕事に意義や役割、働きがいを感じている。自分では十分「心の報酬」を受け取っているから、他の人にも足りていると思っている。いまさら渡す必要があるとは思っていない。実際には受け取れずに苦しんでいる人がいるかもしれないということに意識を向けてみましょう。

よいところを見つけるのは「イルカ探し」ほど難しい

以上、「心の報酬」を渡せない四つの理由をご説明しましたが、本章の最後に、よいところを見つけるのがいかに難しいか、次の絵から実感していただきたいと思います。

出典：metro.co.uk

二七ページの絵、「何が見えますか」。セミナーでは「皆さんの純真度が測られる問題です」と言って見てもらうのですが、「純真な子どもなら、たくさんのイルカが泳いでいるように見えます」と私が言うと、多くの人が驚きます。

それでも「イルカがいる」と思って見ると、いろいろなところにイルカが見えてきます。人はつい見たいもの、見慣れたものばかり見てしまいます。純真な子どもなら見えるイルカが、大人にはなかなか見えてこない。相手のよい点を見つけるのも、これに近いものがあるのです。「ダメ出し」が本能の人間にとって、「ダメでないところ」は目に入りにくいのです。だから、なかなか見つからない。現場のリーダーなら、なおさらです。それでも「よい点がある」と思って探せば、この絵の中のイルカのように必ず見つかります。

よい点に気づくには、よい点を見つけることでどのような効果や価値が生まれるかを知ることです。自分にとってメリットになるとわかれば、よい点を探そうと、目を凝らすことにもなります。

2章では相手のよい点を探し、伝えることで、部下がいきいきと働きだした、チームの雰囲気がよくなった、業績が上がった、そんなケースをご紹介します。「心の報酬」が人をやる気にするうえで、どれだけ重要かを、気づいてもらえるはずです。

2章

部下が変わった、チームが変わった！

ほめて、信じて、「ダメバイト」が最優秀アルバイトに

「心の報酬」を渡すことで、みんなにやる気が生まれ、チーム力が高まる。業績も上がる。このことに私が気づいた最初の事例が、焼鳥居酒屋チェーンの、あるお店でした。始まりは、この店のオーナーから受けた「覆面調査」の依頼です。覆面調査とは調査員が普通のお客の姿を装い、店舗やそこで働く人のサービスの実態を調べることをいいます。

夕方の五時から八時というお客様の少ない時間帯での調査を頼まれ、見に行ったのですが、正直言って、その当時はよい点があまりありませんでした。フロアスタッフはなかなか見に回ってこない、料理が出てくるのは遅い、スタッフ同士が隅でかたまってゲラゲラ笑っている、そんな状況でした。

じつは私はそれ以前の覆面調査で、失敗した経験があります。自動車ディーラーから調査を依頼され、「悪いところがあったら教えてくれ」と言われたので、大量のダメ出しを書いた報告書を提出したのです。あまりのダメ出しぶりに、そのディーラーからは、二度と依頼が来ることはありませんでした。

その反省から、次に書く報告書はほめる内容にすると決めていて、この焼鳥店でもほめるところはないか、懸命に探しました。このとき注目したのが、一人のアルバイトスタッフの仕事ぶりです。

お客様が帰ったあとテーブルを一生懸命拭いている、お客様が立つと「忘れ物なし！ＯＫ！」ときちんと確認する、忘れ物があればすぐに「忘れ物の傘です」と走って持っていく、そうした彼女の真面目で丁寧な仕事ぶりを見て、それを中心に報告書をまとめたのです。

「彼女は人のいないところでも、ものすごく丁寧な仕事をしています。改善点はたくさんありますが、彼女のようなアルバイトがいるこのお店の、今後の成長が楽しみです」。そんな内容で出したところ、店長はこれをバックヤードに貼りました。自分がほめられていることを知った彼女は、出勤のたび、帰るたびに、穴が空くほど報告書をじっと見つめていたそうです。

じつは彼女は仕事は丁寧だけれど遅く、ミスも多い、覚えるのも遅いと、かなり評価の低いスタッフでした。夜八時までのゆっくりした時間帯はよくても、忙しくなるととたんにミスが増えるのです。

当時のそのお店は二八〇円均一で、原価率が非常に高い、薄利多売の店でした。ちょっとした失敗やオーダーミスでも、大変な損失になります。店長からは「もうこの子には辞めてもらわないと」と思われていました。

ところが、その報告書をじーっと見つめる姿を見て、店長は彼女を呼び出し、こう言ったのです。「君の仕事の丁寧さを、この店の基準にしたい。だから仕事が遅くてもいい、ミスしてもいいから、この仕事の丁寧さだけは絶対に失うな」。

それから一カ月、二カ月、三カ月が経ち、彼女は仕事が丁寧なまま、スピードが上がりだし、ミスも減りと、成長していきました。一方、自分がたくさん失敗を経験し、遅いことで苦労したから、新人の苦労がわかります。新人への教育も非常にうまく、「わかるわかる、これ覚えにくいよね。こうやって覚えるといいよ」「これ失敗するよね。こうやったら大丈夫だよ」などと共感しながら丁寧に教えていくのです。

仕事が丁寧だし、スピードも速くなった。教えるのもうまい。そんな彼女は報告書を出した三カ月後、当時のグループ六店舗中一三〇人いたアルバイトの中で、最優秀アルバイトに選ばれました。さらにその三カ月後には、そのお店の売上げが昨年対比一六一パーセントになったのです。

叱られても「見守ってくれている」と感じるスタッフたち

彼女の成長を見て店長も社長も気づいたそうです。いままで彼女のような仕事が遅かったり、ミスの多いアルバイトは「できない」と決めつけて辞めさせていた。でもそれは自分たちの思い込みで、いまできているところを認め、アドバイスをして信じてあげる。それによって人は、驚くほど成長するのです。

しかも「できない」と思っていたアルバイトや社員が成長すると、それを目の当たりにした上司や先輩も大きく成長します。自分の中にあった、思い込みの枠が外れるからです。

以後、その店を含めたグループ六店全店で二年間、人材募集は不要になりました。アルバイトが後輩を呼んでくる、お客様がアルバイトになる、アルバイトが社員になる、そんな循環が生まれたからです。

当時大学生だった彼女も、卒業後は別の会社に就職するつもりでしたが、この焼鳥居酒屋チェーンに入社して教育係になりました。やがて社内結婚し、産休を挟んで復帰し、現在は女性活用を推進する部署で活躍しています。

その会社で働いているアルバイトスタッフから、こんな言葉も聞きました。「この会社は私たちを叱ります。ただ、この会社は私たちを**見張っているんじゃない、見守ってくれています**」

この会社は、ほめるばかりではありません。注意すべきところは注意し、叱るべきところは叱ります。このときアルバイトスタッフが「見張られているのではなく、見守ってくれている」と感じるのは、「この子はできる子」と思ってくれているのを感じるからです。

「ダメなやつ」と思われていると感じれば、叱られたとき「見張られている」と感じます。「本来できる子なのに、どうしてできなかったんだろう」という気持ちが伝われば、「見守られている」と感じる。こちらが、どんな目で相手を見ているかで、相手の受け止め方も変わるし、その後の成長も違ってくるのです。

「当たり前」をほめることで弟子も師匠も笑顔に

ちょっとした言葉の使い方で「心の報酬」を渡すことができて、それにより教えられる側だけでなく、教える側も救われる。「心の報酬」には、教える側を救う力があります。そのことを実際に見てもらい、納得してもらおうという企画が、フジテレビの『めざましテレビ』で放映されたことがあります。

番組では三つの事例を紹介しましたが、なかでも変化が顕著だったのが創業八〇年の老舗和菓子店です。もともと「伝承」と「ほめる」は、馴染みにくい分野です。伝承の文化には、ほめるという発想がありません。伝承すべき技術を持っている人、職人さんというのは、総じてコミュニケーションが苦手です。自分自身、師匠や先代から「背中を見て覚えろ」「技術は盗め」と言われてきたので、それ以外に教え方を知りません。

かつてなら、それも通用したでしょうが、いま同じやり方では若い職人さんはすぐに辞めてしまいます。番組に登場した老舗和菓子店の店主もまさにこのタイプで職人かたぎ、弟子を教えるにあたり、「怒る」しか方法を知りませんでした。

今日は絶対に怒らないつもりで店に来るけれど、つい怒ってしまう。帰りにそれを反省するといった毎日で、その結果、若い職人さんが居続かない。これではいけないと思いながら、改善方法がわかりませんでした。

ふだんの仕事ぶりを見せてもらうと、確かに職人さんは不慣れな弟子を厳しく指導していました。「こんなにあんこが出たら、商品にならないだろ！　ダメなんだよ！　そんなやり方じゃあ！」「なんで、そんなふうになっちゃうんだよ！　早く！　それじゃあ固くなっちゃうだろ！」。

弟子は萎縮するばかりで、いっそう動きが硬くなってしまいます。言われたことも頭に入りません。店主には、いったん仕事場から離れてもらい、次のようなアドバイスをしました。

「まずはいま頑張っていることを認めてあげて、『あ、これ丁寧につくってくれたね。ありがとう』などと、ねぎらいや感謝の気持ちを伝えましょう。その上で、『次はこういうことに挑戦してみよう』と新たな課題を与えてください」

作業場に戻った職人さんは、さっそく「あ、三〇〇グラム、計ってくれたんだ。ありがとう」「道具も洗ってくれたの。ありがとう」などと弟子の仕事ぶりを評価し、感謝の気持ちを伝えました。できた商品を見て、「これなんて、うまくできているじゃない」「この白い生地にあんこがつきやすいんだけど、これはついていないからいいね」などとほめ、さらには「あと欲を言えばスピードだよな」と新たな課題も伝えました。まさにアドバイスどおりです。

のちほど弟子に感想を聞くと、「あまりほめられたことがないので、うれしかったです」と笑顔で答えてくれました。ほめる側の師匠も、叱らずにすんだことを喜んでいました。ほめることで、弟子も師匠も笑顔になったのです。

じつを言えば職人さんが弟子をほめた内容は、弟子ならやって当たり前のことばかりです。師匠が来る前に弟子が分量を計っておくのは当たり前で、道具を洗っておくのも当たり前です。だから師匠も、これまではいちいちほめませんでした。しかし、それを当たり前と思わず、あえて感謝の言葉をかける。それにより相手の受け止め方も変わるのです。

もともと師匠が伝えたかったことは、「いい商品を作る」「早くつくる」の二点です。これは間違っていません。問題は伝え方で、「これ、あんこが出てるじゃないか」と、まずできていない部分を伝えた。「早くやって。固くなっちゃうから」もそうです。そうではなく、まず、ねぎらいや感謝の言葉を伝える。

ねぎらいや感謝の言葉を伝えてから注意するのと、できていない部分にだけ言及するのとでは、相手の受け止め方がまったく違います。ねぎらいや感謝の言葉を聞いてから注意されると、「師匠は私のことを見守ってくれている」と思います。できている部分は無視して、ダメ出しばかりすると「見張られている」と思います。先にご紹介した焼鳥店の反対です。

まずはできていることを伝え、「見守ってくれている」と安心感を与えるから、注意の言葉も受け止められます。ほめるときも「白い生地にあんこがつきやすいけれど、ついていないからいいね」と、**具体的によい部分**を伝えます。

信頼関係ができていれば、伝える内容が細かいほど相手の理解も深まります。「たまたま今回はうまくいったけれど、そこがポイントだったのか」となるわけで、ほめながら大事な事柄を伝えられるのです。

さらには「師匠は細かいところまで見ている。怖いな」と、師匠の凄味も感じさせられます。ほめながら、尊敬すら獲得できるのです。

「早くやって」と言われたときは、萎縮していた弟子が、「あと欲を言えばスピードだな」と言われたときには、「はい」と最高の笑顔を見せました。さらに仕事のスピードも、実際に上がったのです。伝えられる内容は同じ「早くして」でも、弟子の心理状態はまったく違います。感謝の言葉のない修業に耐えきれず、一カ月後、二カ月後、弟子は辞めていたかもしれません。

一方、伝え方を変えて弟子に笑顔が生まれたことで、「こんな伝え方もあるのだ」と師匠も気づきました。お互いが笑顔でいられる方法を知り、自分の心も楽になった。師匠自身も救われたのです。

「心の報酬」を渡す指導で全日本選手権に優勝

スポーツの世界でも「心の報酬」が結果につながったケースがあります。ある地方自治体で、職員向けの研修を行ったときです。参加者の中にトレーニングウェアを着た四〇代前半ぐらいの男性がいて、私をにらむような顔をしながら腕組みをして座っていました。彼は休憩時間になると、私のところへ質問に来ました。

彼は市の職員であると同時に水泳の高飛び込みの指導者でもあり、選手がなかなか上達しないことを悩んでいました。「つい厳しい言葉をかけてしまいますが、ダメですよね。周囲からも、『君の指導は、いまの時代ではパワパラになる』と注意されますが、ほかに方法がわからないのです。どうしたらいいのでしょうか」というのです。

そこで「心の報酬」を渡すヒントをいくつかお伝えしたところ、あまり納得されない様子でした。高飛び込みは、へたをすると命に関わる競技です。指導が厳しいのは、仕方ない面もあるのでしょう。

彼とは名刺交換をしたので、夜になってメールが来ました。そこには選手時代はコーチがとても怖い存在だったこと、そのためコーチになっても、ほめて育てるやり方に抵抗があることなどが書かれていました。それでも今日のセミナーを受けて、「踏み出して、チャレンジしていこうと決意しました」とのことでした。

お名前から調べると、彼は国体で何度も優勝した、選手としてはレジェンドのような存在であることがわかりました。そこで「選手としてのレジェンドであることを知りました。今度は指導者としてのレジェンドを目指しましょう」といった内容のメールを返信しました。

翌日またメールが来て、「さっそく今日の練習から笑顔でスタートしました。選手たちも鏡の前で五秒間、笑顔づくりから始めました」などと書かれていました。セミナーでは笑顔になることで脳が活性化するという話もしたので、練習に採り入れることにしたのでしょう。それまで「歯を見せるな」という指導だったのが、「全力の笑顔を五秒間」ですから、スタンスは大違いです。

それから一年ほどして、再びその地方自治体に行く機会があったので、彼の勤務地を訪ねてみました。その後の様子を尋ねると、教え子が全日本選手権で優勝したというのです。「心の報酬」を大事にする指導を始めたことで、彼は日本一の選手を育てたのです。

セミナーで彼に話した中には、前項でご紹介した老舗和菓子店の話もありました。この和菓子屋の師匠の勇気がコーチの勇気を生んだわけですが、じつはこのコーチの話も、さる金融機関の支店長を集めたセミナーでお話しました。終了後、一人の支店長が来て、こんな質問をされました。

「じつは私は自分でも自覚があるパワハラ支店長です。会社からも指摘されているので、変わろうと思います。支店のメンバーに宣言したほうがいいでしょうか」「宣言しましょう」と答えると、「わかりました。やります」と言って帰って行かれました。

誰かの勇気が、また誰かの勇気を生み、それがまた新しい挑戦を生み出していくのです。

ほめちぎって生徒が三倍、事故率は減少

「ほめちぎる教習所」をキャッチフレーズに人気を集め、生徒が三倍に増えた自動車教習所もあります。三重県伊勢市にある南部自動車学校で、私が理事長を務める「一般社団法人 日本ほめる達人協会（ほめ達）」の支部の一つでもあります。全国で増え続けている「ほめ達」支部のうち、いま最もメディアに出る機会の多い支部です。

自動車教習所というと、「安全のために」と厳しく指導するのが一般的です。このやり方だと生徒が萎縮して、技能がなかなか上達しません。また校内で教官を見ると「おこられちゃう」と生徒が逃げていくので、教官のメンタルにもよくありません。

南部自動車学校では、とにかくまず生徒のいいところをほめます。だから生徒もうれしくて、教官を見かけると近寄ってきます。生徒と教官の仲がよく、おかげで教官の心も健全で、長続きする人が多いのです。

この話をすると、こんな心配をする人がいます。「でもほめて甘やかして、未熟なドライバーが増えたらどうするのですか」。現実には、南部自動車学校の卒業生の事故率は下

がっています。三重県警の発表によると、南部自動車学校が「ほめちぎる教習所」に転換して生徒数がどんどん増える中、卒業検定合格率は上がり、事故率も下がり続けているのです。

じつは、この教習所は叱らないわけではないのです。八割ほめて、二割は叱るのです。運転技術が向上したら、とにかくほめます。たとえばS字クランクでは、ほめるポイントが一一個あります。ある点を通過したら、「スピードのコントロールができるようになってきたね」「左前の前輪の感覚がわかってきたね」などとほめます。教官の人たちがみんなで研究して、ほめる一一ポイントを決めたのです。

ただし安全に関するミスは、しっかりと注意します。「それは、ちょっと危ない」「一度車から降りて、確認しようか」と、心に残るように指導します。まずは、「ほめる」ところからスタート、これが一番重要です。

どれだけ正しいことでも、いきなり頭ごなしに厳しく怒られると、知覚的防御というものが働き、相手に伝えたいことが届かなくなってしまいます。伝えたいことがあるならば、まずは相手の心のコップを上に向けてあげること、すなわち「ほめる」ことが大切です。

この教習所の加藤光一代表が二〇一八年一月に『「ほめちぎる教習所」のやる気の育て方』という本を出版しましたが、面白いのが帯の文句です。「ちゃんと止まれてすごいやん」。クルマが止まるのは当たり前です。「ほめちぎるにも、ほどがある」と言いたくなりますが、言う場面がミソです。

「ちゃんと止まれてすごいやん」は脱輪したときに使われた言葉で、「パニックにならずに、ちゃんと止まれたね」という意味だったのです。脱輪すると生徒は「失敗した！」と軽いパニック状態に陥ります。パニックになっているところに、「ちゃんと止まれたね」とほめる。ここがポイントです。うまくいっているときにほめても、なかなか心に響きません。また、「うわっ、失敗した！」と焦っているときに叱っても、さらに萎縮するだけです。

まずは「いい経験したね。教習所の構内でよかったよ」と生徒が安心する言葉をかける。その上で、「次、どうするんだっけ？」と尋ねれば、「えーと、コースに戻ります」と習ったことを思い出します。「そうだね、そのためには、どうする？」「えーと、ルームミラーで後方確認します」「ちゃんと、わかってるじゃない」と進めていくのです。まず安心させる。その上で指導することで、生徒は指導を受け入れることができるのです。

ピンチのときに相手が安心する言葉をかけて、まずは救ってやる。私はこれを「浮き輪言葉」と呼んでいます。詳しくは4章でお話ししますが、この浮き輪言葉をうまく使って、指導力を高め、事故率も減らしているのです。

風通しのよい社風をつくり、定時運航率一位を達成

航空会社のスカイマークも、「心の報酬」によって結果を出した企業です。スカイマークは二〇一五年に経営破綻したのち、再生を引き受けた投資ファンド、インテグラルの佐山展生氏のもと、日本政策投資銀行の市江正彦氏が社長に就任しました。このとき市江社長が財務担当の方と一緒に、「ほめ達研修」を受けられたのです。その後、管理職や現場の責任者の方たちも、次々と研修を受けられました。

そうした中、さまざまな改革が進められ、二〇一七年に国内線の定時運航率が九五・一パーセントとなり、JALやANAを抜いて日本一になったのです。さらに翌年も2年連続で日本一を継続しました。

背景には「悪い情報こそ上げる」という組織になったことがあると、市江社長はおっし

やっていました。スカイマークには、予備の飛行機が一機あります。遅延しそうな機体の情報をいち早く共有することで、予備機をうまく回せるようになったのです。

「遅延しそう」といった悪い情報は、できれば言いたくありません。それが、ほめ達研修によって風通しのよい社風が生まれ、悪い情報も伝えやすくなった。このことが定時運航率の上昇につながったのです。

スカイマークが定時運航率で日本一になった理由には、「三六〇度評価」の導入もあります。部下が上司を評価する人事制度で、その結果、上司の部下に対するコミュニケーションの取り方、「心の報酬」がうまく渡せているかが見える化され「心の報酬」を渡し合う風土を生まれやすくしました。

ちなみに三六〇度評価はかなり効果の高い人事制度で、別のある会社は三六〇度評価を導入したところ、評判の悪かった役員の態度がガラリと変わったそうです。その役員は最初に私の研修を受けたとき、ほとんど横を向いて真面目に聞いていませんでした。それが次回行ったときにはガラリと変わり、メモを取るなど非常に熱心に聞いていました。

聞けば三六〇度評価の結果が極めて悪く、「これはマズい」と研修を真面目に受ける気になったようです。以後、部下への態度も変わりました。この役員はいままで「必要ない」と思うからやらなかっただけで、その気になればできたのです。

部下とのコミュニケーションがよくなったおかげで、その人自身、別人のように明るくなり、会社の業績アップにもつながったとのことです。

ほめ達研修を受けたグループの月間契約数が二割上昇

「心の報酬」を渡す効果は、実証実験結果でも現れています。同志社大学政策学部の太田肇教授と行った共同研究で、ある企業の管理職を二つのグループに分け、一方はほめ達の研修を受け、一方は受けませんでした。その結果、研修を受けたグループでは、部下のモチベーションが大きく高まったのです。部下のサンプル数は一〇〇〇人でした。

さらに部下の年齢を三五歳以上と三五歳未満に分けてモチベーションの変化を調べたところ、ほめた場合の上がり幅は、いずれもほぼ同じでした。ところが、ほめなかった場合、三五歳未満の下がり幅が劇的に大きかったのです。巷間言われる「いまの若者はほめないとダメ」が実証された格好です。

もう一つ、営業成績に関する調査もあります。ある生命保険会社との共同研究で、八支社から六六六人をサンプルとして選び、このうち一四三人にほめ達研修を受けてもらいました。合計二回行い、一つは上司と部下とのコミュニケーション改善を図るもの、もう一つはお客様への営業スキルの向上を図るものです。

サンプルに選んだ六六六人は、もともとの営業成績は同程度でした。それが研修を受けた一四三人は、受けなかった五二三人と比べ、月間契約数が二割上がったのです。この結果を受けてその生命保険会社では、ほめ達監修によるテキストをつくり、希望者に配布しています。さらに管理職以上には、私が行った研修を録画したものをオンデマンドで好きな時間に見られるようにしました。

「心の報酬」の効果は、すでに数々の企業からも認められだしているのです。

3章

リーダーの心が整い、相手も伸びる

「心の報酬」は日常の意識化から

「心の報酬」を渡すことで人間関係がよくなったり、組織の力を高まることを2章で実例を挙げてご紹介しました。その一方、1章で述べたように、みなが求めていながら世の中にあまり流通していないのが「心の報酬」でもあります。

本章では「心の報酬」とはどのようなものか、なぜ必要なのかをさらに踏み込んで考えていきます。同時に「心の報酬」を渡す上で必要な、気持ちの持ち方についても述べて行きます。

すでに述べたように、私はセミナーや研修を通じて「心の報酬」の渡し方をお伝えしています。そう聞くと「心の報酬」を渡すのは、難しいことのように思うかもしれません。しかし実際は難しいどころか、誰もがやっていることなのです。

人に出会って「おはよう」と言う。笑顔で会話する。目を見て話す。子どもを「頑張ったね」とほめる。自分の心の状態がいいときや、親しい間柄の人には、いずれも自然にやっている行為で、これらはみな「心の報酬」です。つまり日常、誰でも行っている行動です。これを「いつでも、どこでも、誰にでもやりましょう」「そのためにちょっと意識しましょう」ということなのです。

あるいは、魅力的な人が無意識に、手間かけて渡しているものでもあります。話していて「感じがいいな」「この人と一緒にいると安心感があるな」「この人のためなら頑張れる」、そう思われる人は「心の報酬」を渡すことが習慣化している人です。そういう人が行っていることを意識してやる、ということでもあります。

つまり魅力的な人が行っている行動を言語化して、自分の中に言葉として持っておく。そうすることで誰もが、必要に応じて使えるようになるのです。

極意は「ほめずにほめる」

2章で、弟子をほめることで自分も救われた老舗和菓子店の職人さんの話や、ほめちぎることで生徒数が増え、卒業生の事故率が減った自動車学校の話をしました。そこから「心の報酬」＝「ほめる」と考える人もいますが、少し違います。「ほめる」は「心の報酬」の一つ、ほんの一部であり、ほかにも「心の報酬」はたくさんあります。

「ほめる」という言葉を最も狭く定義すると、「目上が目下に対して、言葉を使って、よいことを言う」です。「目上から目下」「言葉を使う」「よいことを言う」、ここにとらわれると、やることは非常に限られます。

しかし私の考える「ほめる」は、もっと大きな意味を含みます。「心の報酬」となればなおさらです。私の考える「ほめる」「心の報酬を渡す」は、言葉を使わずに相手を認めていくことです。あるいは目下が目上に対し敬意を示すことです。「挨拶する」「感謝する」「うなずく」「目を見る」、状況によってはこれらもすべて「ほめる」です。そしてこれらすべてが「心の報酬」となるのです。

「心の報酬」が大事と聞いて、「ほめるところもないのに、ほめることなんてできない」「部下に迎合するようで、やりたくない」などと言う人もいますが、誤解です。「心の報酬」とは心にもないことを言ったり、迎合したりすることではありません。ほめたくなければ、ほめなくてもいいのです。「心の報酬」と迎合はまったく別で、心を偽って相手の機嫌をとるのが「心の報酬」ではありません。

「休みをもらう」ことが報酬だと考える人がいる一方、「もっと仕事を欲しい」という人もいます。いずれも、その人にとっては「心の報酬」となります。その人がいま求めているのは何か、それを察して渡せば「心の報酬」を渡したことになるのです。

「誉」と「褒」――二つが求める意味

「ほめる」だけが「心の報酬」ではありませんが、重要な一つであることは確かです。「ほめる」という漢字には、「誉」と「褒」の二種類あります。この「誉」と「褒」の成り立ちや意味を知ることでも「心の報酬」の正体が見えてきます。

「誉」は、上は「光」という漢字がもとになっています。そして下は「言」です。つまり「光」を届ける「言」葉が、「ほめる」の一つの本質です。

仏教で人間の目を「借光眼」と言います。光を借りて、初めて物を認識できるのが眼です。光がなければ、何も認識できません。真っ暗闇の中にダイヤモンドが置かれていても、そこに光がなければ誰も気づきません。

この光は「意識」と考えることもできます。意識を向けることで、初めて存在に気づくのです。

光の反対は闇です。心の場合、闇を招くものは何か。それは「ありがとう」の反対、

「当たり前」です。「当たり前」と思った瞬間、そこに感謝はなくなり、その存在や価値に気づかなくなります。

家族がいて当たり前、自分の世話をしてくれて当たり前、部下は出社して当たり前、ノルマは達成して当たり前、仕事はあって当たり前……。その当たり前にも光、つまり意識を向けて感謝の言葉を届ける。「誉」には、そうした意味があるのです。

もう一つの「褒」は、「衣」の間に「保」があります。衣類は非常に高価なもので、高価な衣類を大事にした人はほめられた、というのが語源です。そこから転じて「服の中身を保つ」、すなわち「着ている人が誰か」が褒めるでは大事になります。

一生懸命ほめても、相手が「あなたにほめられても全然うれしくない」と思えば、そのほめ言葉は届きません。逆に叱られても、相手が心から尊敬されている人なら、「この人はちゃんと私を見てくれている」と感謝します。叱られているのに、うれしくて泣くことにもなります。ほめる気持ちを届けるには、自分の人間力を高めることも大事だということです。

つまり「ほめる」は当たり前にも意識を向ける、ほめる人自身の人間力を高める、この二つを求める言葉でもあるのです。

何も言わない、ただ話を聞くだけ

「心の報酬」の一つに、相手への共感があります。「共感が大事」というのは、よく女性に対して言われる言葉です。たとえば女性の悩みを聞いた男性が、あっさり解決策を答えたところ、感謝されるどころか怒られたというのは、よく聞く話です。

私も妻から相談事をされ、一生懸命考えに考えて「それは、こうすればいいよ」と答えたのに、「あなたは私の話を全然聞いていない！」と怒られることはしょっちゅうです。この話をある女性の心理カウンセラーにしたところ、「そういうときは、こう言えばいいです」と、次のセリフを教えてもらいました。「ああそうか、お前も大変だな。お前の気持ちもわかるよ」です。

その後、妻から相談されて使ったところ、妻は「そうでしょう」と満足げにうなずき、それで話は終わりました。妻が求めていたのは共感で、問題解決ではなかったのです。

これは女性に限った話ではなく、男性も共感を求めることがあります。それは悲しいこと、つらいことがあったときです。

人は悲しいこと、つらいことがあったとき、それ自体が本当に悲しみやつらさにはなりません。本当に悲しい、つらいと感じるのは、その悲しみやつらさを共感してくれる人がいないときです。共感してくれる人が一人もいないと感じたとき、本当の悲しみやつらさを感じるのです。

相手が悲しみやつらさを抱えて落ち込んでいるとき、無理に解決策を与える必要はありません。解決策や励ましが、むしろ相手をつらくすることもあります。それよりも相手に寄り添い、「わかるよ」「大変だね」と共感を伝えてあげる。やがて相手の心の状態が少し整ってきたら、問題解決の道を探り出すかもしれない。そのときあらためて手助けすればいいのです。

何も言わない、ただ話を聞くだけでも、ときに大きな「心の報酬」になるのです。

大事なのは出し惜しみしないこと

「心の報酬」を相手に届けるためには、いろいろと試すことも重要です。どんな「心の報酬」を喜ぶかは、人によってさまざまです。まずは渡してみないと、相手にとって価値ある「心の報酬」かどうかがわかりません。

「心の報酬」の渡しすぎが、マイナスに働くことはありません。ビタミンCと同じです。ビタミンCは摂りすぎても体に害はありません。吸収されなかった分は、排出されるだけです。「心の報酬」が相手に届かなくても、それが悪い結果につながることはありません。

大事なのは出し惜しみしないことで、たとえばこれまで三回失敗した部下が一つ成功した場合です。「マイナス3プラス1で、まだマイナス2だから、ここでほめてはいけない」などと思っていたら、いつまで経ってもほめられません。過去とは切り離して、成功したらほめればいいのです。

それが「たまたま」の成功でも、ほめます。むしろ「たまたま」こそ、ほめます。「たまたま」をほめていたら、やがて「たまたま」の頻度が上がります。現実は逆で、成功したときに「珍しいね」と言ったり、「明日、雨が降るんじゃない？」などと茶化す人が大半です。

そして失敗すれば「どうして、いつもそうなんだ！」と責める。失敗に「いつも」を使い、成功すると「珍しい」と言う。「愛すべきジョーク」のつもりかもしれませんが、「心の報酬」と考えれば、「たまたま」をほめてこそ相手は見守られている感覚になります。「心の報酬」を出し惜しみしないことは、自分のためでもあります。「心の報酬」を渡せば渡すほど、渡すスキルも上がります。世の中には「心の報酬」のやりとりが圧倒的に不足しています。そうした状況を意識して「心の報酬」を渡せる人は、どんどんスキルが上がります。

「相対的優位理論」と呼ばれるものがあります。相対的に優位だと圧倒的に優位にもなれるというものです。たとえば四人で一週間の海外旅行に行くとき、一人だけ英語が少しできる人がいた場合です。ネイティブの人に比べれば全然話せないけれど、以前、海外旅行をしたとき話した経験があるといったケースです。

その人は旅行中、ホテルのチェックインから買い物、レストランでの食事まで、四人を代表して話すようになります。それを一週間続けると、帰国後その人の英語力は他の三人より圧倒的に上達しています。

「心の報酬」も同じです。渡すことが苦手な人が多い中、渡すことの大切さを知り、渡すことを意識する生活を送っていれば、どんどん渡す能力が高まります。渡すことを通じて、いろいろな気づきも増えます。結果として周囲に与える影響力も高くなり、魅力的な人間にもなっていくのです。

ビジネス脳も鍛えられる

相手をほめたり「心の報酬」を渡したりするのは、ビジネスに必要な脳を鍛えることにもつながります。ビジネスでは商品の価値を相手に伝える能力が、とくに営業部門では求められます。「心の報酬」も相手の価値を探し、それを相手に伝えようというものです。

実際、ほめ達のセミナーを受けて「心の報酬」を渡せるようになった人には、営業成績がぐんぐん上がるケースが少なくありません。

「心の報酬」を渡すことは、脳のトレーニングにもなります。脳には怠け癖があります。その脳を働かせる作業が、「心の報酬」を渡す際には必要です。目の前の相手にほめるところはないか、「心の報酬」を渡せないか、いろいろな視点から考える。脳をこき使い、万策尽きるまでアイデアをひねり出す。まさに脳トレです。

脳トレで「心の報酬」をたくさん渡せるようになった人は、ピンチをチャンスに変える力、暗闇の中に光を見つける能力も磨かれます。いまは暗い時代なので、暗闇の中に光が灯れば、それが小さなろうそくの明かりでも周囲はありがたく感じます。「心の報酬」も同じで、流通していないからこそ、与えられる人のもとに人は集ってきます。

人は暗闇を怖がります。周りが暗くなればなるほど、「心の報酬」を渡せる人は注目を浴び、活躍できるチャンスになるのです。

種を蒔くことをあきらめない

「心の報酬」を渡しても、すぐに効果が出るとは限りません。むしろ時間がかかるのがふつうで、「効果は見えなくて当たり前」ぐらいの気持ちでいることが大切です。「心の報酬」を渡したら相手の態度がその日から変わる、組織がうまく回りだす。そうした即効性のあるものではありません。

言わば種蒔きと同じです。種を蒔いたからといって、すぐに芽が出るわけではありません。「蒔」という漢字は、草冠に「時」と書きます。芽吹くには時間がかかり、なかなか芽が出ないからと土を掘り返したり、必要以上に水をやったりすれば芽が出る前に腐りかねません。蒔いたら、蒔いたことを忘れるぐらいがいいのです。

「心の報酬」は、どれが相手に響くかは人によってさまざまです。とにかく試すしかなく、手を替え、品を替え渡していくうちに、じんわりと相手の中で「報われた」という感覚が生まれる。それが目指すところで、そのためにいろいろな「心の報酬」をどんどん渡していくのです。

種が発芽するには、水・空気・温度が必要です。人や職場も同じで、カラカラではなく潤いがあり、風通しがよく、雰囲気も温かい、そんな環境を揃える。要は安心・安全な場づくりです。

そうした環境のもとでは、時間はかかっても、やがて芽が出て、成長し、花が咲きます。そこから先は時間が味方して、時間の経過とともに一面に花が咲き続けます。最初に芽が出るまでが辛抱のしどころで、待つ勇気を持つことです。

ただ見ているだけでは退屈ですから、蒔いたら蒔いたことは忘れて、新しい種をどんどん蒔き続けます。蒔く種は、小さくてもいいのです。風に飛ばされて、どこかへ行ってもいい。風に飛ばされて遠くへ行った種が、やがて花を咲かせることもあります。思いもよらぬところから花が咲くこともあります。

近くに蒔いたつもりが、遠くへ飛ばされて見えなくなっても、それはむしろ好ましいことです。富士登山みたいなもので、木の生える限界を超えた頂上付近は、周囲を見ても木や花がありません。だから一定以上の高さまで来ると、みんな足元の砂利しか見なくなります。一歩一歩ひたすら足を出して登り続け、ふと気づけば素晴らしい眺めのところまで来ていた。そんなイメージです。

いまは結果が見えなくても蒔くこと、待つことをあきらめない。種は蒔かれた、地下で育っていると信じるのです。そうすればやがては蒔くことが当たり前になる。蒔くことが習慣になれば、もう結果など気にならなくなります。やがて目の前の花が言うのです。
「私はあなたに蒔いてもらった種です」と。

だから「心の報酬」を渡していると、時間を味方につける生き方ができます。最初の蒔きはじめは、なかなか芽吹きに出会えませんが、時間が経てば経つほど芽吹く種が増え、花が咲き、実となり、新しい種となっていきます。気がつけば周りは一面、きれいな花畑になっているのです。

最初はぎこちなくて当たり前

世の中でまだまだ流通していない「心の報酬」ですから、自分だけ渡すのは気恥ずかしいかもしれません。「心の報酬」は「『ありがとう』と言う」「笑顔になる」など、すぐにも実践できるものばかりです。とはいえ、「突然『ありがとう』と言いだせば、部下たちは気持ち悪がるだろう」「職場で笑うなんて、みっともない」などと考える人もいるかもしれません。

初めてのことをやるとき、うまく行かなかったり、ぎこちなくなるのは当然です。この本を読んでいるのは、まず学習の段階です。「心の報酬」とは何か、どうやって渡すかを学習しています。

そしていよいよ実践となったとき、学習したての人がうまくできるはずはありません。ただ、それを気にするべきではないでしょう。どんなことでも、やっているうちに上達していくものなのです。

最初は、ぎこちない笑顔でもいいのです。その笑顔を見た相手の反応も、ぎこちないかもしれません。それでも気にせずやり続けることが大事で、やがて自分も相手も、それを自然のこととして受け入れるようになります。上司の変貌ぶりに、最初は部下が引いたとしても、引いた波はまた寄せてきます。引かれても、くじけずに続ければいいのです。

最初のぎこちない態度を「格好悪い」と辞めてしまえば、そこから先には進めません。本当の格好よさとは、不格好の先にあります。新しいことに挑戦しているときは、不格好でも不慣れでもいいのです。

ぎこちない姿を見せることは、周囲の成長を引き出すことにもなります。格好いい姿だけ見せるのは、短期的には格好よくても成長が止まっていることを意味します。上司こそ挑戦すべきで、うまく行かなかったり失敗したり、悪戦苦闘している姿を見せる。その先に、新しい自分があります。

そうした上司の姿を見て、「あの人も成長のために挑戦しているんだな」と部下も安心して挑戦できます。上司の挑戦が部下の成長を引き出すのです。

スキーでも、上達したければ転ぶぐらいのスピードで滑る必要があります。安全な場所で滑っているうちは、楽でも成長はしません。挑戦と失敗が人を成長させます。部下に挑戦と成長をしてほしければ、自分も失敗するぐらいのチャレンジが必要です。

「こんなことをしたら格好悪い」と傷つくようなプライドは、邪魔なプライドです。これをやることによって、未来にはさらに成長している自分がいる。プライドは「未来」にこそ持つもので、「未来が一番格好いい」と考えれば、ぎこちない段階など気になりません。

持っているものが多いほど、それを手放すことは難しくなります。とはいえ新しいものを手に入れたいなら、手に持っているものを放す必要があります。手のひらに握れる限りの五〇〇円硬貨を持っている人が、それを手放せば、一〇〇万円の札束を握ることも可能になります。一〇〇万円の札束を手放せば、通帳を持てるようになる。そうなれば持てるお金は無制限です。

手放すことで新しい価値観を手に入れてきた経験のある人は、いま持っているものを手放せば、さらに新しい自分と出会えることを知っています。それがいままでの自分より進化した自分だと知っている人は手放せるのです。

いまの人格プラスアルファで

「心の報酬」を渡せるリーダーになるには、いまの自分とは違う、まったく新しい自分にならなければいけないと思いがちです。ただ、そうでなくても大丈夫。いまのマネジメント、いまのリーダーシップ、いまのコミュニケーションにプラスアルファする。「これを足してみよう」「これを加えてみよう」ということでよいのです。

いままで無意識にやっていたことを、もう少し意識してやってみる。自分の心の状態がいいときにやっている、すでにいい関係を築いている部下にやっていることを、それ以外の部下にもやってみる。そうした「これならできそうだ」ということを、いつでも、どこでも、誰にでも、ちょっとプラスアルファしてやるのです。

これは多摩大学大学院の田坂広志教授の提唱する「多重人格のマネジメント」とも言えます。「多重人格」と言うといいイメージがないかもしれませんが、事件などで耳にする多重人格は、多重人格障害です。人格が変わり、以前の人格のことを覚えていない障害で、そうではなく人は健全な状態でも多重な人格を持っています。

たとえば会議で数字をグッと睨んでいるときの人格と、一つのプロジェクトを終えて打ち上げで盛り上がっているときの人格は、同じ人間でも違います。家で子どもと遊んでいるときと職場でも、人格は違います。高校時代の仲間と集まって思い出話をするときの人格も、やはり違います。人は置かれた環境で人格を上手にスイッチしています。

いまのままの人格に、「心の報酬」を渡すキャラクターを一つ加える。「ここでは、ちょっと笑顔スイッチを入れてみよう」「ここではねぎらってみよう」、人格を一つ増やすことでマネジメントやリーダーシップに広がりや奥行きが出てくるのです。

シャンパンタワーは自分から

「シャンパンタワーは自分から」という言葉があります。シャンパンタワーは平べったいシャンパングラスをピラミッド状に積み重ねたものを指します。一番上のグラスからシャンパンを注いでいく余興に使われ、結婚式の披露宴などで見たことのある人もいるでしょう。

シャンパンタワーは、まず一番上のグラスが満たされます。一番上のグラスから溢れこぼれたシャンパンが二段目のグラスを満たし、さらにこぼれたシャンパンが三段目を満たすといった形、上から下へグラスを満たしていきます。このシャンパンタワーを自分や周りの人間に見立てたのが「シャンパンタワーは自分から」です。

一番上のグラスを自分の心、二段目が家族、三段目が職場の人、四段目がお客様といった具合で、まずは自分の心が満たされる。そうして初めて二段目にいる家族、さらには職場の人、お客様が満たされていくのです。

「心の報酬」も同じです。この仕事をする意味、自分たちの会社が社会に貢献しているという実感、働きがい、やりがい、仕事の意味や価値を、もう一度再確認する。これらを自分が納得していなければ、「心の報酬」を渡すことはできません。自分の心に余裕があって初めて、周りの人のいいところも見つけられるからです。

「心の報酬」を渡せないのは、「いまの自分は心の余裕がない」と周りに伝えるようなものです。心に余裕がなければ、いい判断もできないし、いいアイデアも生まれません。逆境にぶつかったときも乗り越えられません。「貧すれば鈍する」の悪循環に、どんどんはまります。周りの部下たちからも、「余裕がない」「焦っている」という目で見られます。

逆説的ですが、心の余裕を持つためには、周りの人たちのよいところを意識的に探す習慣づけをすることです。まずは自分が「心の報酬」を渡すことで不思議なぐらい自分の心の状態が変わっていくものです。

よく、こんなことを言う人がいます。「私だって、ほめるときはほめます。ほめるのは、どちらかというと得意なほうです。ただ部下がほめるようなことをしてくれないのです」。現実は、できたからほめるのではなく、ほめるから、できるようになるのです。「ほめる」「心の報酬」を渡すことを実践した人が、必ず言う言葉が「できたから、ほめるのではない。ほめるから、できるようになる」です。まずは「ほめる」「心の報酬」を渡す。実践してみれば、この言葉の意味がわかります。

ほめること、「心の報酬」を渡すことにはお金はかかりません。思い立てば、すぐにできます。やって損はないのですから、まずはやってみることです。

何よりの効果は「心が整う」

「心の報酬」を渡すことは、最後は自己受容に行き着きます。渡すことでマズローの「欲求五段階説」でいう、四段階目の「承認欲求」が満たされるからです。

じつは本当の承認欲求の充足は、周りからの承認では得られません。自分で自分のことを認めることができないと承認欲求は満たされないのです。周りからどんなに認められても、自分の心のバケツに穴が空いていると、それが全部抜け出てしまいます。

バケツの穴を防ぐ最良の方法は、周りの人のいいところを見つけることです。周りの人のいいところを見つけることで、自分の心のバケツの穴が少しずつ修復されるのです。

「俺は商売でこんなに成功しているし、お金もたくさん持っている。社会的立場もある。だからバケツに穴は空いていない」などと言う人ほど、じつは危ないものがあります。

「これだけの証明をしないといけない」という時点で、心に穴が空いているからです。

その穴は周りの人のいいところを見つけることで、少しずつ塞がっていきます。そして最後の最後に残った穴を防ぐのが、自己承認であり自己受容なのです。

自分の中にあるコンプレックスやトラウマなど、嫌なところまで全部含めて認める。立派なことを言っているけれど、本当は自信がない部分もある自分を認める。そんな自己受容ができたとき、心から周りの人たちを承認できるようにもなります。

「あの人の乱暴な態度は、本当は自分に自信がないからだよね。わかる、わかる。自分の中にもあるものだから」「あの人のそっけない態度も、本当は仲良くなりたいけれど、傷つくのが怖いからだよね。わかるよ、私の中にもあるから」。自分の中に他人を映し、他人の中に自分を見られるようになることで、本当の自己受容もできるのです。

ただし穴が塞がった瞬間、また穴が空きます。それを修繕する作業を繰り返して生きる。これが「心の報酬」を渡す生き方であり、心の安定を保つ生き方になります。

人に渡したつもりが、じつは自分が受け取っていた。渡してうれしかったから、さらに渡そうと考える。そうした流れが生まれるのです。

よく言われるように、人は自ら気づいて変わることはあっても、人を変えることはできません。できるのは影響を与えることだけです。では誰に一番いい影響を与えられるかというと、それは自分自身です。

「心の報酬」を渡すことの最大のよい点は、自分の心が整うことです。自分の心が整うことで心に余裕ができ、相手との関係性が変わるのです。

言われたい言葉を書き出す

「心の報酬」を渡せるリーダーを目指すにあたって、ぜひやっていただきたいワークがあります。「言われたいほめ言葉をできるだけたくさん書き出す」というものです。「優秀だね」「素敵ですね」「字がきれいですね」「仕事が早いね」など、何でもかまいません。思いつくかぎり、一〇でも二〇でも書いてください。

いざやってみると、なかなか浮かばない人もいます。「こんなことを書いたら自意識過剰なようで恥ずかしい」「いまさら、こんなことでほめられてもうれしくない」など、いろいろな考えが浮かび、書き出しにくいかもしれません。

なお、あまり浮かばない人向けに、一般に考えられるほめ言葉を巻末に紹介しました。

一〇一個ありますので参考にしてください。

この作業には、二つの意味があります。一つは自分の中に、ほめられる部分がどれだけあるかを確認するためです。人は自分で自分を認められないと、周りの人の価値を認めにくくなります。もう一つは、自分の中にほめ言葉のボキャブラリーが、どれぐらいあるかを確認するためです。

できるだけ書き出したら、次にそこから自分がとくに言われたい言葉を二、三選びます。選ぶ基準は「これから生きていく上で、こういうことをもっと言われたい」「こういう言葉を集める人生は、きっと素敵な人生だろう」と思えるものです。すでに言われている言葉でも、言われていないけれど目指す姿でもかまいません。

私は「元気」「笑顔が良い」「学び続けている」を選びました。「西村さんは、いつもめちゃくちゃ元気ですね」「西村さんは、すごく笑顔がいいですよね」「西村さんは、つねに学び続けていて、話が面白いから時間があっという間に経ってしまいます」、そう言われる人間になりたいと決めたのです。そして、そう言われるように、ふだんから少しだけ意識して頑張る生活を送っています。

私は年間二〇〇回以上の講演やセミナーのために、移動しています。たまには疲れて元気がなくなることもありますが、人前に出るときは「こんにちは！」と元気よく挨拶します。一人でホテルに戻った瞬間、ドッと疲れが出るときでも、人前では元気に振る舞います。すると「西村さんは、いつも元気ですね」と言われる機会も増え、実際元気になっています。

たとえば、理想の上司像を思い浮かべて言われたい言葉を決めて、そういう上司を演じるのです。「○○さんって、何があっても動じないですよね。どんな経験をされてきたのですか」、あるいは「何があっても笑顔で受けてくれますよね。そして最後にはちゃんと結果を出しますよね」と言われたい。そう決めて、そのために具体的にどう行動すればいいかを意識して行動するのです。

言われたい言葉を選ぶにあたって、いくつか押さえたいポイントがあります。一つは自分が本来得意ではなく、少し意識しないと難しいものを選ぶということです。放っておいてもできるのではなく、意識しないとつい忘れてしまうことを目指すのです。

私自身、元気や笑顔を表に出すのは、あまり得意ではありませんでした。「経営者たるもの、ちょっと難しそうな顔をしたほうがいい」、そんなイメージを持っていました。それを意識して覆してきたのです。少し無理をして背伸びをしないとできないものを選ぶということです。私の好きな言葉に「背伸びも続ければ、やがて身の丈となる」というものがあります。ずっと意識をしていると、それがやがて自分のキャラになります。元気や笑顔は元来苦手だったのですが、意識してやることで、自然にできるようになってきました。

二つ目のポイントは、それが誰かの役に立つことなら、さらに効果があるということです。自分が少し無理して笑顔になれば、相手も笑顔になる。そう思うことで、より頑張って「笑顔でいよう」という気になれます。

そして最後が、他者評価が可能であることです。「いつも元気」「いつも笑顔」は他人から見てわかります。「顔は怖いけれど、心は笑っています」では他人にはわかりません。「話が面白くて、時間があっという間に過ぎます」も他人が評価できるものです。

なりたい自分、意識しないと出てこない言葉、それも誰かの役に立つことで、他者評価できる。そういう言葉を選ぶと、自分の中に役割が生まれます。また役に立っていると実感できるので、自分自身の「心の報酬」を得ることもできます。

コントロールのためには使わない

「心の報酬」は、一緒に働く部下たちに、ぜひたくさん渡していただきたいものです。ここで間違ってはいけないのが、「心の報酬」を相手をコントロールするために使わないということです。

ほめることで、部下がやる気を出すことはあります。だからといって、ほめて行動をコントロールしようとするのは、「心の報酬」ではありません。「相手を自分の思うように動かしたい」という気持ちがベースにあってはいけないのです。

ほめることで、相手を思いどおりに動かそうと思った瞬間、それは相手に伝わります。伝われば、もうそれは相手に響きません。むしろ逆効果です。「自分をコントロールしようとしている」と、ほめた相手を警戒します。

「心の報酬」を渡した結果、相手が何かを感じて変わることはあっても、変えることを目的にしない。変わらなくても、とにかく伝えて終わり。それが「心の報酬」です。

研修の受講者から、こんな質問を受けることがあります。「『心の報酬』を考えるようになって、自分の心がほっこり暖かくなり、周りの人をほめるようになりました。ところがほめた相手が喜んでくれません。私がほめても、ほめ言葉が相手の心に刺さらない。相手がうれしそうな顔をしない。私のほめ方は何か間違っているのでしょうか」。

「相手が喜んでくれない」「ほめ言葉が心に刺さらない」、そう考える時点で「相手をコントロールしたい」という気持ちが入ってしまっています。それが相手に本能的に伝わり、生臭くなっている。気をつけたいところです。

「ほめハラ」になる人、ならない人

「心の報酬」を渡す上で、ほめることは重要です。ただ、なかには「ほめられて気持ち悪い」と思う人もいます。私はこれを「ほめハラ」、つまり「ほめすぎハラスメント」と呼んでいます。

本心からほめているのに、「気持ち悪い」と思われる。「お世辞でしょ」と言われる。これは、その人に対する評価と本人の評価にズレがあるからです。ここで「ほめハラ」にならないためのほめ方をご紹介します。

ほめたことを相手に受け入れてもらうには、まず**事実が入っている**ことです。相手の行為、表情などの事実が入っている。「素敵な笑顔ですね」は、相手の笑顔を見ての言葉なら事実が入っています。「いつも姿勢がいいですね」も、「姿勢がいい」は事実です。

二つ目は、それによる**貢献を伝えること**です。「素敵な笑顔ですね」もほめ言葉ですが、さらに「なんだか元気をもらえます」と言えば、その笑顔が役に立っていることも伝えられます。

「いえいえ、私なんてまだまだです」などと相手が否定する場合は、第三者の声を使います。「いえ私だけでなく、いつも○○さんと言ってるんですよ。△△さんは笑顔が素敵だな、△△さんが入ってくると、その場がすごく明るくなるなって」といった具合です。

それでもまだ否定するなら、最後は自分の主観でほめ切ります。「少なくとも私はそう思っています。私は△△さんからいつも学ばせてもらっています」。

主観でほめ切れるかどうかは、非常に重要です。相手がどれだけ否定しても「私は本当にそう思っています」と言い切るには、心から思っていなければできません。相手を喜ばせようと、思ってもいないことを言ったのでは、最後までほめ切ることはできません。

逆に言えば、ほめ言葉は最後までほめ切る覚悟がなければ、言ってはいけないということです。心から思っていることだけを言う。だからこそ相手にも伝わるし、相手にも響く。「ほめハラ」になることもないのです。

続けるための仕組みづくり

先に述べたように、「心の報酬」の効果が出るまでには時間がかかります。その間、手を替え品を替え、渡し続ける必要がありますが、残念なのは途中で辞めてしまう人が多いことです。

私のセミナーの受講者も、当初は「いい話を聞いた」と思って実践しますが、やがてやらなくなる人が少なくありません。これを防ぐには、続けるための仕組みづくりも大事です。

たとえばセミナーでは終了後、実践確認チェックシートをお渡ししています。「『すみません』を『ありがとうに』」「二言挨拶の実践」「目を見て話を聞く」など、お伝えした内容を一覧にしたもので、一カ月後、二カ月後、三カ月後に見直して、それぞれの項目を自己評価してもらうのです。

チェックシートを見返すことで、「そうか、こんな項目もあったな。忘れていた」「うん、この項目はちゃんとやっている」などと確認する。一回の学習で、すべてを覚えることは不可能です。学習を何度も繰り返すことで、記憶に定着していきます。このチェックシートは本書の巻末についています。また読者の方への特典として、PDFファイルをダウンロードできるようにしました。ぜひご活用ください。

「ほめ達検定」を設けているのも、忘れないための仕組みです。セミナーを受講するだけでなく、「検定」という形で資格を与える。「私はほめ達3級だ」といった自覚が持てれば、積極的に部下をほめようという気持ちにもなります。名刺に「ほめ達検定3級」と書いておけば、名刺交換のときに「ほめ達3級なんですね」などと言われたりもします。言われるたび、「そうだ、ほめ達だった」とふだん忘れている人でも思い出します。

「今後、私は『ほめ達』で行くから」と宣言する方法もあります。宣言すれば、いよいよ「ほめなければ」という気持ちになります。協力者を探して、一緒にやってもらう方法もあります。一人では続きにくいことも、協力者がいれば続きやすくなります。

ちなみにほめ達では検定で3級を取得した人に、希望に応じてメルマガを月二回お送りしています。メルマガが送られてくることで、「そうだ、ほめ達だった」と思い出してもらうためです。

さらにオフィシャルブログを毎日更新し、「今日もほめ達！」というポッドキャストラジオを週に一回、毎週金曜日に配信しています。いずれも忘れないための仕組みで、メルマガを見て思い出してブログを見てもらう、ラジオを聞いて思い出してもらう。そんな効果を狙っています。

いずれも「ほめ達」の公式サイトから無料で見たり聞いたりできます。よろしければお試しください。詳しくは巻末の情報をご覧ください。

4章

いますぐ渡せる「心の報酬」24

「ごめんね」を「ありがとう」に

人が大好きな言葉に「ありがとう」があります。人は、ただほめられたいのではありません。自分が誰かの役に立っていることを知りたい、あるいは誰かに感謝されたいという気持ちを強く持っています。その気持ちを端的に満たすのが「ありがとう」で、「心の報酬」の中でも最上の言葉です。

ここでのポイントは、ただ「ありがとう」を言うのではなく、小さな事実を見つけて、その小さな事実の貢献点に対して、「ありがとう」と言う。「いつも手伝ってくれてありがとう」「いつもフォローしてくれてありがとう」。この事実は、小さければ小さいほどいいのです。「ありがとう」を言うために、大きな事実は必要ありません。小さな事実が、どれだけ役に立っているかを伝えればいいのです。

小さな事実ほど、ふだん言われることがないだけに、言われたほうは喜びます。小さい事実なら特別なときでなく、いつでも探して伝えることができます。

そして「ありがとう」をさらに増やすヒントがあります。「ありがとう」の反対を考えることです。「ありがとう」の反対は、「当たり前」です。当たり前と思っていることに、感謝を伝えるのです。

もう一つは、日常の中で使っている「すみません」「ごめんなさい」を「ありがとう」「ありがとうございます」に置き換えることです。何かをしてもらったとき、「すみません」「ごめんなさい」と言う人は少なくありません。そうではなく、感謝の言葉を伝えるのです。

置き換えられるものは、全部置き換えてみます。閉まりかけたエレベーターのドアを開けてもらったとき、「すみません」と言いがちですが、「ありがとうございます」でもおかしくありません。物を取ってもらったときも、「すみません」の代わりに「ありがとう」と言う。手伝ってもらって「申し訳ない」ではなく、「ありがとう」。つい「ごめんね」と言ったときも、続けて「ありがとう」と足せばいいのです。

2 「すごい」「さすが」「素晴らしい」を口グセに

「心の報酬」を渡したい人に、口グセにしてほしい言葉があります。「すごい」「さすが」「素晴らしい」です。それぞれの頭文字をとって「3S」と呼んでいます。人と話すとき、とにかく3Sを言ってみる。

他社を訪ねたとき「すごいですね、皆さんのご挨拶がすごく気持ちいいです」、部下から書類を受け取って「さすがだね。この書類のまとめ方。ポイントがわかりやすい」など、ほめる内容は何でもかまいません。大事なのは、まず「すごい」「さすが」「素晴らしい」と言ってみることです。

人間の脳は怠け癖があるので、自分から使おうとしないと、なかなか働きません。まず「すごい」とほめ言葉を言う。言えば、ほめる内容を探すため脳は一生懸命働きます。「すごいですね〜」と、とても感心したようにゆっくり言えば、その間に何かしら思いつきます。

「素晴らしいですね、このオフィス。伸びてる会社は雰囲気が違いますね！」。雰囲気がどう違うのかまで説明する必要はありません。ただ「素晴らしい」と言ってしまえば、不思議とふさわしい言葉が出てくるのです。「すごい」「さすが」「素晴らしい」と言われて、嫌な気分になる人はいません。むしろ、ほめられたと感じて気持ちが高まります。

女性の場合、これに「素敵」を加えて「４Ｓ」と覚えます。「素敵ですね、そのネクタイ」「素敵ですね、そのカバン」などと服や持ち物をほめれば、相手はセンスをほめられたと喜ばれます。

3 小さな頼みごとをして感謝を伝える

ほめたいけれど、ほめる機会がない。何をほめればいいかわからない。そんなときは相手の負担にならない程度の小さな頼みごとをして、それに対して心からの感謝を伝えるのも一つです。

「悪いけど、これ手伝ってくれない？」「これ、やっておいてくれる？」などと頼めば、頼んだ時点でお礼を言えるし、仕事を終えたときにもお礼を言えます。相手の得意なことがわかっていれば、それについて頼む。「○○さんって、スマホのアプリにすごく詳しいらしいね。この使い方わかる？　いつも家族にバカにされていたんだ。ありがとう、助かった」といった具合です。

「ありがとう」は、最高級のほめ言葉です。誰もが、人の役に立ちたいと思っています。あるいは、感謝されたいと思っています。ボランティアに行って、ボランティア先がすごく喜んでくれた。このとき誰が心を癒されたかというと、ボランティアに行った人です。体は疲れていても、心は晴々としています。

相手にしてあげるばかりが、「心の報酬」ではありません。上手に助けてもらうことでも、相手とのよい関係性をつくれるのです。

4 家庭で共感脳の実践

私が主催する「ほめ達研修」を受けた人は、ほめることの大切さや「心の報酬」を渡すことの効用に納得します。これは内容が職場だけでなく、むしろ家庭や夫婦関係、子育て、身近な人との人間関係にも通じるからです。ほめ達研修で学んだことを家庭で実践したら、確かに喜ばれた。だから職場でも実践してみよう、となるのです。

なかでもわかりやすいのが「共感」です。「『心の報酬』の一つは相手への共感です」と聞いて家庭での会話を思い出し、「なるほど」とうなずく人は少なくありません。また家に帰って実践したら、妻の態度が変わった。夫の態度が変わった。共感することで相手との関係がよくなり、共感の大切さを実感するのです。

ある会場の受講者の男性は、こんなことを言っていました。「今日の話を聞いて、昔、先輩から聞いたことを思い出しました。『男は結婚して一〇年も経てば、すべて運送屋か配送屋にならないといけない』です」。妻が何か言ったら、「〃うん〃、そうやね」「〃はい〞、そうやね」と言う。これが夫婦円満の一番の秘訣だと。先輩の言葉を思い出し、私の話もすごく納得できたそうです。

私も最近、実践しました。私の出張中、妻が新車をぶつけたときです。とても気に入っていて、帰ってから乗るのを楽しみにしていたのですが、「パパ、ごめん。車、当てた」というメッセージが写真と一緒に送られてきたのです。

見ると右後方のドアとフェンダーに、「ガリガリガリッ」と削られた跡があります。せめて「ガリッ」で停まればよかったのに、停まらず「ガリガリガリッ」とやってしまった。修理代の見積もりもあり、見ると二〇万円ぐらいかかります。

「何やっているんだ！　気をつけろ！　しかも『ガリガリガリッ』と三回も傷つけてるじゃないか。ガリッで止まれ！」。本能はそう叫びましたが、返信メッセージは次のように打ちました。

「ママに怪我がなくてよかった。事故じゃなくてよかったね。新車を当てたって僕に連絡してくるのはつらかっただろ。気にしてないよ」

「何やっているんだ！」と言ったところで、クルマはもとに戻りません。それよりも共感の言葉を返すことで妻の気持ちが楽になれば、お互いギスギスすることもありません。そんな経験を何度もしているから自信を持って勧められるし、実践しようとなるのです。「心の報酬」は職場だけでなく、ぜひ日頃から家庭や身近な人たち相手にも渡すようにしてください。

5 笑顔して、相手の笑顔スイッチオン

「人間関係は鏡である」は、私の大好きな言葉です。ほめる授業がＮＨＫ『プロフェッショナル　仕事の流儀』でも紹介された菊池省三さんの言葉で、「自分の心の状態が、鏡のように周りの人の心に映し出される」というのです。周りの人の表情が、じつは自分の心の状態なのです。

この言葉には、続きがあります。「鏡は先に笑わない」です。確かに鏡のほうが先に笑ったら大変です。自分が笑うから鏡も笑うように、まずは自分が笑うことで周りを笑顔にする。そうなるように意識しましょう、ということです。

もう一つ、私がほめ達を始めてから人生の友にしている言葉があります。「笑顔して生きていく」です。まず笑顔。つねに笑顔。これを心がけています。

昔の私は逆で、「まず怒る！」でした。先に怒ることで相手を威圧し、コントロールしようとしていたのです。私は高校・大学とアメフト部で、当時の後輩から「目で人を殺せるとしたら、西村さんだと思っていました」と言われるほどで、つねに鋭い目つき、厳しい表情をしていました。その後輩はそんな私が最近は笑顔でいるので本当に驚いていました。

悪いことに「まず怒る！」は、短期的には結果が出るのです。ただ、このやり方だと周りが持ちません。自分の心も金属疲労を起こします。それを「笑顔して生きていく」に変えてから、面白いぐらい結果が出て、周りの人も救われたし、何より自分が救われました。だからいまはつねに笑顔です。

とはいえ、もともと笑顔が苦手な私は、うっかりすると、すぐ笑顔を忘れます。先日もある人から、こんなことを言われました。「この前、西村さんをお見かけしたけれど、怖い顔をしていたので声をかけませんでした」。場所は新幹線の新大阪駅で、乗り遅れそうで、あせって顔が引きつっていたのでしょう。深く反省しました。

鏡で見る自分の笑顔が嫌いな人もいますが、人の笑顔が嫌いな人はいません。人の笑顔はいいもので、笑顔は人に見せるためにするのです。リーダーにとって笑顔は、部下の笑顔を引き出すためと言えます。

これはセミナーで行うワークからもわかります。AさんとBさんの二人組になってもらい、Aさんには「いまから指令を出します。一五秒間、その指令を全力でやりきってください」とお願いします。Bさんには「Aさんが指令を無事に達成できるように一五秒間、全力で応援してください」と言います。

そしてAさんには「いまから一五秒間、全力の笑顔をお願いします」と指令を出します。Bさんには「Aさんの目を優しく見て、全力で応援してください」とお願いします。Aさんにも、「Bさんを見つめ返してあげてください」と言います。

一五秒が過ぎて、Bさんの表情をAさんに尋ねると「笑顔」と答えます。Aさんには「全力で笑顔を」と指令を出しましたが、Bさんには応援をお願いしただけです。それでも必ず答えは「笑顔」になります。Aさんが笑顔になると、それを見たBさんも自然に笑顔になるのです。

つまり自分が笑顔になれば、周りの人も笑顔になる。自分の笑顔が、周りの人の笑顔を引き出すのです。

大事なのは「全力の笑顔」をすることです。鏡の前で全力の笑顔をつくる。同じ笑顔を周りの人にも向ける。自分の全力の笑顔が、目の前の人の最高の笑顔を引き出します。目の前の人に笑顔を見せることで、相手の笑顔を引き出す。それがまた近くにいる人の笑顔を引き出し、周囲に笑顔が広がっていくのです。

笑顔が脳にいいことは、脳科学的に証明されています。脳科学者の茂木健一郎さんによると、脳が一番いい状態は前頭葉にある楽観回路が開いたときです。そして楽観回路が開くのは、根拠のない自信に満ちあふれているときです。

ただし楽観回路も根拠のない自信も、自分で意図的に開いたり、持ったりするのは難しい。では、どうすればいいかというと、ポイントとなるのが顔の表情筋です。表情筋が笑顔をつくると、脳の楽観回路が開くのです。すなわち、笑顔することで、脳が、最も良い状態になる。その笑顔が広がることで、チームの「脳力」、アイデア力も上がっていくのです。

6 姿勢や動きもマネジメント

姿勢も笑顔と同様に、周りの人たちに影響を与える重要なポイントの一つです。とくにリーダーは、顔を上げ、背筋を伸ばした姿勢を意識することが大事です。胸を張って背筋を伸ばした姿勢は、ポジティブな感情をつくりあげる効果があります。

気分は、姿勢によってつくられます。背中を丸めた状態で、「よし、頑張ろう！」とはなかなか思えません。逆に胸を張って上を向いていれば、愚痴は言いにくくなります。胸を張れば声も自然と大きくなり、自信があるようにも見えます。

よい姿勢とは、首を上から糸で釣られているように持ち上げた姿勢です。立っているときも座っているときも、この姿勢を意識します。とくに最近はパソコンやスマホの影響で、姿勢が猫背になりがちです。たとえばパソコンに向かっているとき、ちょっと部下や周りの様子を見るとき、一緒に自分の姿勢もチェックしてください。

「目は口ほどにものを言い」と言うように、姿勢や表情は、ときに言葉よりも影響を与えます。一日に数回、姿勢、表情、声の調子も含めて、周囲によい影響を与えるものになっているか意識してみてください。

また相手が喜んで興奮しているとき、一緒に喜び驚いてみせるのも「心の報酬」の一つです。「ええっ、そうなんだ！」「やった！　よかったじゃないか！」「それはすごいアイデアだよ！」などと言いながら驚いた表情をする。ポイントは大きめのリアクションをすることで、眉毛を大きく動かすと表情も大きくなります。

まばたきも重要で、「うんうん」とうなずきながらアメリカ人のように大きくまばたきすると、相手の話に同意して聞いている印象になります。

行動には、自分から動く「アクション（行動）」と、相手の態度によって動く「リアクション（反応）」があります。人が他人を判断するのは、リアクションによってです。リアクションから、その人の本当の人格やキャラクターを感じ取るのです。

リアクションが大きいのは、脳の働きで見ると右脳派です。よく人は論理で物事を考える傾向が強い左脳派と、感性で物事を捉えがちな右脳派に分かれると言われます。意識しなくても右脳派のほうが、リアクションが大きくなりやすいのです。自分は左脳派だと思う人は、意識してリアクションを大きくしたほうがいいでしょう。

一般によいことを話しているときは、動作が大きくなります。ネガティブなことを話すときは、動作や姿勢も小さくなりがちです。話す内容で動きも変わり、逆に表情や動作を大きくすることでポジティブな雰囲気が生まれます。

また向かい合って話すよりも、同じスクリーンを見るように座って横に並んで話すほうが親和性が高まります。立って話すときは軸脚も重要で、相手が体重をかけているほうに寄り添って話したほうが親和性が高まります。

テンポを合わせることも大事で、たとえば呼吸の深さを合わせる。相手が息を吸ったり吐いたりするのに合わせて、自分も呼吸する。シンプルですが効果の高い方法です。

7 二言挨拶の実践

魅力的な人が無意識にやっていることで、誰にでもすぐに実践できるのが二言挨拶です。「おはよう」などと一言ですまさず、さらにもう一言加えて挨拶するのです。

たとえば朝「おはようございます」と言ったあとに、「今日はちょっと涼しいですね」と加える。久しぶりの相手なら「久しぶりですね。元気でしたか」でもいいし、とっさに名前をつけて「西村君、おはよう」「こんにちは！　西村さん」でも二言挨拶になります。「おっ、おはよう」でも十分です。たんなる「おはよう」ではなく、「おっ」とか「あっ」を加えることで、「あなたと会えてうれしい」という気持ちを伝えられます。

さらに言えば、言葉でなくてもかまいません。にこっと笑って「おはよう」と言う。笑って、ちょっと手を挙げて挨拶する。歩いていたところを立ち止まり、相手のほうを向いて「おはようございます」と言う。挨拶に、意識を込めたワンアクションを加えるのです。

さらにバージョンアップさせる方法もあります。たとえば、いままで顔を見て挨拶していたのを、おへそまで向けて挨拶する。おへそまで向けると相手は、「私のことを、すごく受け入れてくれている」と感じます。

挨拶は「私はあなたの存在を認めています」と伝えるためのものです。それがわかっていれば、たとえば人が近づいてきたとき、パソコンを打つ手を止めて、顔を向けて挨拶する、といったことも意識してできるようになります。

女性にお勧めなのは「声を半音上げる」というものです。女性が電話で話すのを聞いていると、親しい友だちと話すときは声が半音上がります。逆に家族間での連絡だと、「えっ、今日はご飯いらないの」などとぶっきらぼうに半音下げて言ったりします。半音上げて挨拶するだけで、「あなたを受け入れています」という気持ちが伝わります。

8 全力の拍手と握手の習慣

部下がいい成績を出したとき、誰かを表彰するときなど、職場で拍手をする際に大事なのは、全力で行うことです。「パチ、パチ」とおざなりではなく、「パチパチパチパチ」と手が痛くなるぐらい全力で手を叩く。しっかり相手のほうを向き、目を見て拍手する。拍手をもらった人は、自分の成功を受け入れてもらったと感じます。

拍手は、拍手した人にも、よい変化を生みます。手のひらには、体にとって重要なツボがたくさんあります。全力で拍手することで、手のひらのツボが刺激されます。とくに刺激されるのが前頭葉で、前頭葉が活性化すればプラスのアイデアが浮かびやすくなります。また目の前の人に対し、ポジティブでいい印象を持ちやすくなります。

また、この全力の拍手がもたらす効果は絶大なので、日常の中に取り入れられている組織も多いのです。どのようにして取り入れるかは、二〇〇ページでご紹介しています。

もう一つ、全力の拍手と同じ効果をもたらすものが握手です。自分以外の人と手を握り合うことで、やはり親和性が高まります。部下に仕事を任せるときも、「頼むよ」などと言って握手する。初対面の人と名刺交換するときも、握手することを習慣化する。

そんなちょっとしたことでコミュニケーションが深まっていくのです。

9 目で握手

教育の目的は、自立させることにあります。自分で考え、行動し、一つの仕事をやり遂げられる部下を育てる。リーダーの重要な役目ですが、注意したいのは自立はさせても

「孤立」はさせないということです。

孤立をさせないために有効なのが、「目で握手」です。声はかけなくても、目を見て「大丈夫？　問題ない？」と問いかける。たんなるアイコンタクトではなく、握手するイメージでお互いにしっかり意思の疎通を行う。自分で考えて行動しているけれど、ちゃんと見守ってくれている人がいる。それを伝えるのが「目で握手」です。

これは子育ても同じです。学校から帰ってきた子どもに、「大丈夫？　問題なかった？」と問いかけるつもりで目で握手することで、「私はあなたのことをちゃんと気にかけていますよ。あなたの安全地帯はここにありますよ」というメッセージを送るのです。

「目で握手」をしていれば、危機意識のあるリーダーなら、相手の目が信号機に見えてきます。心の信号は何色か。青なら問題ありませんが、黄色に見えてきたら要注意です。そうなると目だけでなく、声までかけることが大事です。注意信号を放っておくと、すぐに「辞めたいです……」という段階まで進んでしまいます。黄色の段階でフォローするためにも、頻繁に目で握手することです。

気になることがあれば、どんどん声をかける。空振りでもいいので、「大丈夫？　ちょっとでも気になることがあれば言えよ」と言えば、小さなモヤモヤの時点で吐き出せ、心の平安が保てます。

コミュニケーションには質と量があり、かつてのような飲みニケーションがとりにくくなっている現代では、濃い交流は必然的に少なくなります。その分、こまめなコミュニケーションをとることが求められます。

10 相手の名前に関心を持つ

話をするとき、相手の名前を織り込むのも「心の報酬」を渡すことになります。「おはよう、○○さん」「○○さん、ちょっといいかな」「○○さん、この件どう思う?」といった具合です。実際、言われてうれしい言葉が「自分の名前」という人は少なくありません。「○○さん」と呼ばれるだけで、自分の存在を肯定されたように感じるからです。

外国人には相手の名前を呼びながら会話する人が多いのに対し、日本人はあまり相手の名前を言いません。日本人には人の名前を覚えるのが苦手な人が少なくありませんが、会話のとき相手の名前を呼ばないこともあるでしょう。とくに初対面の人と話すとき、相手の名前を意識的に使うようにすれば、相手との距離が縮まる上、名前も覚えやすくなります。

人の名前を覚えるのが苦手な人は、口に出していないケースが大半です。口も筋肉なので言い慣れていないと口が動かず、言葉も出てこないのです。

名前を呼ぶだけでなく、名前自体に関心を持つようにすれば、さらに距離を縮められます。たとえば名前の由来を聞く。珍しい名字なら、格好の素材です。「出身が岩手県で、実家のあたりには多い名字なんです」などと、相手の来歴などの話になるかもしれません。そこから話が盛り上がったり、相手について知ることもできます。

名前に使われている漢字の由来を調べてみるのも一つです。後日会ったときに、「お名前に使われている漢字には、こういう意味があるんですね」などと伝えるのです。たとえば「圭介」という名前なら、「『圭』という漢字は、宝石でつくられた装飾品の意味があるんですね。親御さん、あなたが生まれたとき宝物のように思ったのかもしれませんね」などと言えば、「じつはそうなんです。恥ずかしいので、あまり言わないんですが……」といった話になるかもしれません。

そこから「素敵なご両親ですね」と言えば、両親をほめられて喜ぶでしょう。「わざわざ調べてくれた」と思えば、こちらへの心の距離も縮まります。

名前に限らず、相手の趣味や家庭環境なども詮索しない程度に覚えておくと、相手との距離を縮めやすくなります。何かのおりに「そういえばスノボが趣味だったよね。これからシーズンだね」などと言えば、「この人は自分に関心を持ってくれている」と伝わり、心の距離が縮められます。

11 メモを取る

相手の話を聞くとき、意識しておきたい八つのポイントがあります。「目を見る」「うなずく」「相槌を打つ」「繰り返す」「メモを取る」「要約する」「質問する」「感情を込める」です。

一度に八つも覚えるのは無理ですが、この八つは覚える必要がありません。なぜなら大好きな人の話を聞くとき、尊敬する人の話を聞くときには、ふだんから無意識にやっていることばかりだからです。

問題は部下相手となるとやらない人が多いことで、これを部下相手にも行えば「心の報酬」になります。

なかでも意識して行いたいのが「メモを取る」です。メモを取るという行為は、相手の自己重要感を上げます。「ちょっと待って。それメモ取っていい？」と言うことで、「私はあなたの意見や話をすごく重要だと思って聞いている」と示すことになります。

メモを取るには、相手の話をそのまま書き写すわけにはいきません。必然的に八つのポイントの一つ「要約する」もできます。確認のため、相手の話を「繰り返す」ことにもなります。真剣にメモを取ろうと思えば、「目を見る」ことにもなります。「うなずく」もします。「メモを取る」という行為をするだけで、自然に八つのポイントを実行できるのです。

ちなみに八つのポイントの一つ「うなずく」は、医学的にも体にいいことがわかっています。首を縦に振る動作は、免疫力を向上させるのです。免疫力が上がれば、病気になりにくくなります。若返り効果もあります。首もとがすっきりして、見た目も美しくなります。しっかりうなずきながら話を聞くことは、自分の健康や美容のためにもなるのです。

12 質問してほめる

八つのポイントの一つ「質問する」は、上司など目上の人に喜んでもらえます。

「○○さん、どうやってそれを勉強されたのですか」「どんな時間を使って勉強されているのですか」「本をすごく読まれていますよね。いまの私にお勧めの本はないでしょうか」「仕事上の師匠はいらっしゃるんですか。その方は、どんな方なんですか。その方から、どのように学ばれたのですか」……。このような質問をすることで、「私はあなたのようになりたいと思っています」「あなたのことをすごいと思っています」「あなたを尊敬しています」という気持ちが伝わります。

イメージは、試合後のヒーローインタビューです。ヒーローインタビューは質問の形をとった賞賛です。「試合に向けて、どんな準備をされましたか」などと尋ねながら、勝った選手を讃えるのです。

話を聞くときに相槌を打つことも大事で、これはセミナーで行うワークでも明らかです。二人一組にしてAさんとBさんを決め、AさんにはBさんに好きな話をBさん相手に一分間してもらいます。Bさんはその話を最初の三〇秒間は「うん、うん」「なるほど」などと相槌を打ちながら熱心に聞き、残り三〇秒は無反応でいてもらいます。

すると相槌を打ちながら聞かれた最初の三〇秒は、Aさんは饒舌にしゃべります。ところが無反応だった残り三〇秒は、うまく話せなくなります。無反応の相手に言葉が出なくなるわけで、話の聞き方で話し手のパフォーマンスは大きく変わってくるのです。

相手の話が聞いたことのある話であっても、「知っている」は禁物です。「その話、知っているから。こういうことでしょ」などと遮らず、初めて聞くように対します。「知ったかぶり」は、よく知らない話を知っているように話し、賢く見せようとすることですが、こちらは逆で、言わば「愚者の演出」です。

そもそも相手の話が、自分の知っている話とまったく同じとは限りません。最初は同じだけれど途中から違うこともあれば、その先に相手の本当に言いたいことがあるかもしれません。

13 ディティールをほめる

知っていると思っても、興味深く聞く。前に聞いた話でも、このタイミングで言うことに意味がある場合もあります。この話を言うことで、思い当たらせたいことがあるのではないか、伝えたいことがあるのではないか、そういう意識で聞きます。

知っている話を聞くと、つい「あ、それ知ってる知ってる」などと言いたくなりますが、「知ってる知ってる」は新しい情報を入りにくくします。経営の神様・松下幸之助は、まさに聞いて聞いて聞いて、さらに「もうないか?」と会う人たちに聞いたそうです。そして最後に「いやあ、今日は勉強になったわ」と言うのです。

松下幸之助の場合、「愚者の演出」ではなく本当に知りたかったのでしょう。自分の知らないことを少しでも知りたくて、心から聞きたいと思った。この精神が相手に「話してよかった」「自分の話が役に立ったかも」という気持ちを抱かせるのです。

2章でご紹介した老舗和菓子店の職人さんは、弟子をほめるときに和菓子づくりの難しさを伝えながら、それができているとほめました。経験者だからわかるディティールを交えてほめるのは、相手に「心の報酬」を与えつつ、ベテランならではの凄味を伝えることができます。「ほめ」は細部に宿る、です。

テレビ局でチーフプロデューサーを務めている私の友人も、部下をほめるときはディティールを交えています。「あのシーン、料理の湯気の撮り方がすごくよかったよ。あれ、けっこう苦労したんじゃない？」といった具合で、すると部下も「そうなんです。じつは5回ぐらい撮り直したんです！」と返すのです。

プロ中のプロだからわかる〝違い〟を伝えることで、「やはりこの人はわかっている。キャリアを積んでいるだけのことはある」という気持ちが部下の中に生まれます。「怖いな、この人」と感じさせることができるのです。

なかでも、たまたま成功した部分をほめると効果的です。「この部分、じつはすごく難しいんだけど、うまくやったよね」「いいえ、たまたまですけどね」「そうなんだ。次回からも、ここを気をつけるといいよ」。

これもまたベテランならではのアドバイスで、ほめながら重要なポイントを伝えられ、複合的な効果が得られます。

14 ほめられたときは「カウンターぼめ」

人からほめられたときに、こちらからお返しする「心の報酬」もあります。「カウンターぼめ」というもので、誰かに「○○さん、最近仕事が絶好調なんだって。何だか表情もイキイキしてるよね」とほめられたとき、「いやあ、ほかの人に言われても全然うれしくないけれど、△△さんに言われるととってもうれしいです」と返す。

飛んできたほめ言葉に対し、クロスカウンターパンチのようにほめ返すのです。「△△さんに言われたら、とってもうれしいです。私、△△さんを尊敬していますから」といった具合です。

ちなみに、ほめられたときの正しい受け取り方は、ありがたくいただくことです。ほめられるのは、プレゼントをもらうようなものです。せっかく贈ってくれたプレゼントを

「めっそうもない！」と突き返すのは、失礼にあたります。

プレゼントをもらったら「ありがとうございます」とお礼を言うように、ほめられたときも「ありがとうございます」と言うのがマナーですし、美しいです。

15 人を介する「三角ぼめ」

直接ほめるのは照れくさい。そんな人が使うといい「心の報酬」が「三角ぼめ」です。第三者を介してほめる方法で、部下を直接ほめるのではなく、たとえば取引先に対してほめます。

「じつは彼は学生時代にラグビーをやっていました、そのときすごく頑張っていたんです。だから彼は根性があるので、どんな要望でも必ず成し遂げます。もし何かあったら僕がフォローしますから、彼のことをよろしくお願いします」「こう見えて、彼はおばあちゃん子で、礼儀はしっかりしていて、優しい人間なんです」

同行先でそんなことを言えば、「先輩は僕のことをそんなふうに思ってくれていたんだ」とうれしく思います。

「この同僚は、最近、クルマを買って喜んでいる二八歳です。ついこの前誕生日で、二八歳になったばかりなんです」などと言えば、「関心を寄せてもらっている」という気持ちになります。

第三者の前でほめるのは「ティーアップ」とも言います。ティーとはゴルフボールを載せるもので、ボールをちょっと持ち上げることで飛距離が出やすいようにするものです。同じように、誰かを紹介するときに持ち上げることで、相手にその人についての情報を教えたり、その人に好印象を抱いてもらいやすくするのです。

16 うれしい言葉は「頑張っているね」

「ほめる」よりも、もっと簡単に「心の報酬」を渡す方法があります。それは「ねぎらい」であると第1章でご紹介しました。

非常に重要なポイントなので、ここでもう一度、おさらいです。ほめるには、ジャッジが入ります。ある程度の水準を超えないと難しいですが、ねぎらいならいつでもできます。ねぎらいとは、当たり前のことに対して共感や感謝の気持ちを伝えるものです。相手の存在や価値を認めることで、「毎日、お疲れさま」の一言でもいいのです。

「ありがとう」と言わなくても、「書類、整理してくれたんだ」「電話、入れといてくれたんだ」というだけでも、ねぎらう気持ちは伝わります。言われたほうは「仕事ぶりを見てくれている」「評価してくれている」という気持ちになります。

ねぎらうという点から言うと「頑張れ」と言ってしまう場面で「頑張っているね」と言うのが、非常に効果的です。頑張っている人に「頑張れ」は、「もっと仕事に励め」「頑張りが足らない」と追い立てるようでもあります。「頑張っているね」なら、その人の頑張りを認めていることになります。頑張っている人が言われてうれしい言葉が「頑張っているね」です。

さらにその上を行くねぎらいが、「頑張りすぎるなよ」です。仕事で毎晩遅く帰ってくる夫に、奥さんが「頑張りすぎないでね」と言えば、ご主人の気持ちは大いに癒されます。仕事で苦労している部下に「頑張りすぎるなよ」と言えば、「自分の苦労をわかってくれている」と感じるでしょう。

17 ほめさせて、ねぎらう

また、一気に部下とその後輩を元気にしてしまう「ほめさせて、ねぎらう」という方法もあります。自分に部下がいて、その部下に後輩がいるときです。部下に後輩のことを、ほめさせてあげるのです。

「最近入ってきた子で、頑張っている子はいる?」。そんな質問をすると、頑張っている後輩の名を挙げるでしょう。「最近入ってきたばかりの○○さん、すごく気配りができて頑張っています」「インターンの△△さん、この前こんなことをしてくれました」。その言葉を聞いて、「そうか、ちゃんと見てくれているんだね」「きちんと指導してくれているんだね、ありがとう」などとねぎらうのです。

ねぎらいは、協力業者の方やパートナー企業、下請けの人たちにも渡したいものです。これらの人々に対して、渡している人が少ないものでもあります。

以前セミナーでねぎらいの話をしたところ、受講者の一人が「うちでお金を払ってもいいから、発注元にこのセミナーを受けさせたい」とため息をつきました。長く一緒に仕事をしているのに、ねぎらってもらったことが一度もないそうです。同じように思っている協力会社の人は多いでしょう。

「いつも無理を聞いてもらって感謝している」「今回はずいぶん厳しい納期だったけど、間に合わせてくれて助かったよ」などと元請けからねぎらってもらえば、大いに喜ぶでしょう。

ねぎらいの価値に気づいたのは、じつは私自身が求めていたからです。私はブログでも講演でも、しょっちゅう「私は年間二二〇回以上講演しています」と伝えています。講演の冒頭ではよく「今日もこのあと東京へ移動して、朝は五時半に起きて、七時二〇分から八時一〇分まで研修して……」などと話します。

なぜ、いつもこんな話をするのかを考え、わかったのが「私はねぎらってもらいたがっている」ということでした。「西村さん、すごいね」「ほめ達さん、頑張ってるね」、そんな言葉を言われたい。自分がこれだけ欲しいもの、喉から手が出るほど求めているものだから、みんなも求めていると気づいたのです。

以前、遅い昼食を食べに入ったそば屋で、こんなねぎらいの言葉をかけられました。老夫婦が営んでいる小さな店で、お客は私一人しかいませんでした。会計をすませて帰ろうとしたところ、奥さんから「お仕事頑張ってくださいね」と言われたのです。

夕方三時前に背広姿でそばをかきこむ私を見て、ついそんな言葉がこぼれたのでしょう。意外な人にねぎらってもらい、心が軽くなったのを覚えています。

「ねぎらい」は、とても手軽なものですが、これもまた世間にはあまり流通していません。「心の報酬」とは、ふとした気づきでいい。ポケットにある小銭のような小さな気づきが大切で、それを提供してあげるのです。

ポケットの小銭のようなものでも、流通していないから相手の手に届くときは金貨のように変わっていることもあります。ねぎらいは、それぐらい価値を持つこともあるのです。

18

気持ちを形で「差し入れぼめ」

ねぎらいの気持ちを物で表す方法もあります。それは差し入れです。「差し入れぼめ」というもので、頑張って仕事している人たちに、ちょっとした食べ物や飲み物を差し入れするのです。

このときのセリフも大事で、「頑張れよ」ではなく「頑張ってるね」です。別項でもお伝えしたように、人は「頑張れ」ではなく、「頑張ってるね」と言われてこそ報われたと感じます。

ある調査によると、もらってうれしい差し入れは、男性はエナジードリンクだそうです。一方、女性はランチをご馳走されると一番喜ぶそうです。

上級編としては、家族への配慮も一つのねぎらいになります。「最近、残業続きだから、奥さん怒ってるんじゃない？　よければこれ……」「今日は子どもさんの誕生日だろ。さっき見かけたので……」などと言って、ちょっとしたお菓子を渡す。「今日は結婚記念日じゃなかったか？　今日ぐらいは早く帰れよ」と言って早く帰らせるのも、ねぎらいの一種になります。

とくに誕生日や記念日も絡めると、プライベートまで覚えているということで、より相手を認めていることを伝えられます。「今日は課長命令で、残業禁止」「え、何でですか」「今日、結婚記念日だろ」。そんなやりとりができれば、部下が感激すること間違いなしです。

19

失敗にはまず「浮き輪言葉」

「仕事での成功で、家庭での失敗を補えない」という言葉があります。「仕事をこれだけ頑張ったんだから、家族も多少は我慢しろ」は、いまの時代には通じません。どんなに仕事で頑張っていても、家庭は家庭でしっかりとケアが必要です。私はギリギリ間に合いましたが、自戒をこめた話でもあります。

一回でも失敗したら、断崖絶壁から突き落とされる。下には釘やガラスがたくさん敷いてあり、そこに落ちたら血まみれになる。そんな怖い挑戦の階段なら、怖くて昇ることはできません。

失敗しても大丈夫。転んでも痛くない。二、三回転んでも問題ないようにつくってある。柔らかい素材だから痛くない。僕らも何度も転んでいる。頭から落ちそうになったら、みんなでしっかり支えてあげる。そんな安心感を与えるのが「浮き輪言葉」です。

失敗したとき、本人は軽くパニック状態になっています。パニックになっている人間は、いわば溺れている人間です。溺れている人間に「何やってるんだ!」と怒鳴るのは、上から体を押すようなものでブクブク沈んでしまいます。

まずは安心させる、浮き輪言葉を使う。2章でご紹介した南部自動車学校の「ちゃんと止まれてすごいやん!」がそうです。脱輪してパニックになっている生徒を叱ったところで、生徒の頭には入りません。まずは「ちゃんと止まれたね。脱輪したのにパニックにならなかったね」とほめる。そこで生徒は冷静になれ、教官の注意も耳に入ってくるのです。

溺れている人間に必要なのは浮き輪で、リーダーはつねに救命用の浮き輪を用意しておくことが求められます。失敗しても「いい経験したじゃないか。俺なんて、もっと大変なことをしでかしたよ」と過去の失敗を語る。「まだこのタイミングでよかったね」「すべては気づきだから、失敗なんてないんだよ」などと励ます。

こうした浮き輪言葉を、事前にどれだけ準備しておけるか。多く持つほど部下たちは溺れずにすみ、職場に対して安心・安全の気持ちを持つことができます。

20 「惜しい」を使ってアドバイス

たとえば部下が、まったく使えない企画書を持ってきたときのことです。「何を考えているんだ！　全然違うじゃないか！　話を聞いているのか！」などと全否定したいこともあるでしょう。しかし「全然違う！」という言い方では、どこを直せばいいかがわからず、言われたほうは途方に暮れます。全否定されたようで心がポキンと折れ、心を閉ざしたり、仕事へのやる気を失いかねません。

こういうとき逆に相手がやる気になる、ぜひ使いたい言葉があります。それは「惜しい」です。「惜しい」とは完璧ではないけれど、ある点を直せば完璧になるという意味です。言われたほうは「八割方はできている」と思います。あと少し、アドバイスを聞いて直せば完璧になる。そんな希望があり、安心感を抱きます。安心感があるから心も開き、アドバイスを聞こうという気持ちも生まれます。

現実には、「惜しい」まで行っていなくてもいいのです。八割どころか半分も行っていない、「惜しい」より、むしろ「残念」であっても「惜しい」と言う。そして直せる箇所は、一度に一つしか求めない。「惜しい」で相手の心を開きながら、一つずつ直していきます。

「惜しい」と言って、「ここを、ちょっと直してくれるかな」とアドバイスする。「企画はいいんだけど、顧客ターゲットがちょっと違うんだよね」といった具合です。そもそも企画で顧客ターゲットが違っていたら、根本から問題があることになります。それでもあえて「惜しい」と言う。

これによって言われたほうは「顧客ターゲットさえ変えればいいんだ」と、企画書を書き直す自信が生まれます。直したものも「惜しい」とはほど遠いかもしれませんが、それにもまた「惜しい」と言う。「あとこれをヒアリングで聞けたら……」と言えば、「じゃあいまから言って聞いてきます」と即座の行動にもつながります。そうして少しずつ完璧に近づけていくのです。

大事なのは、一回につき一つしか言わないことです。一度にいくつも言われると、そこでまた相手は自信をなくしたり、やる気を失ってしまいます。これと似ているのが母親が子どもを叱るときに使う「ついで叱り」です。「これやっちゃダメって、いつも言っているでしょ！　ああもう、これもダメじゃない！」などと叱ったあと、「そうそう、あと一つ言っていい？」とさらに追加する。これでは相手は心を閉ざし、何も聞く気になりません。

21

異なる意見には「面白い！」

三〇代、四〇代の人から見て、一〇代二〇代の人たちの考えや行動が、まったく理解できないこともあるでしょう。自分たちの時代には、とても言えなかったことを平気で言う。考えが浅い。つい「もっと考えろ」と言いたくなりますが、そんなときに使うといい言葉があります。

「面白い！」です。若い人が何を考えているのかわからない。それを「厄介なこと」と思わず、「楽しさ」と考える。そうすれば自分には思いもよらない意見を言われたときも、「面白い」と受け止められます。「面白いことを考えるなあ」「なるほど、それは面白いね」と答える。

ポイントは「面白い」自体には、肯定の意味も否定の意味もないことです。言うほうとしては言いやすく、それでいて言われたほうは何かしら認められた気になります。「面白いということは、自分の言ったことは正解ではなかったかもしれない。でも認めてはもらっているな」というわけです。

「なるほど、そう来るか」「僕には、その発想はなかったな」も同じです。肯定も否定もしていませんが、言ったほうは受け入れてもらった気になります。そのうえで「もうちょっと工夫できないかな」「工夫すれば、使えそうだね」などと言えば、相手もほかのやり方を考えようとするのです。

22 若手には「期待している」より「意外にやるね」

「心の報酬」について共同研究している同志社大学の太田肇教授によると、いまの若者は「期待しているよ」という言葉を嫌うそうです。「期待しているよ」は、その人の能力を評価していることですから、本来はほめ言葉です。

ところが「期待している」と言われると、怖がってしまうのです。いまの若者は自己評価が低く、へたに期待され、その期待に応えられないことを恐れる。「期待しないでください」が彼らの本心なのです。

中途採用もそうです。「君は以前の会社で、すごく頑張って数字を出したんだってね。この部署でも頑張ってくれよ。期待しているよ」などと言うと、その期待を重く感じてしまいます。結果を出したあと、「意外にやるね」と言われるぐらいがいいのです。「それほど期待していない」ぐらいの態度で接したほうが、へたにプレッシャーにならずありがたい。ハードルを下げ、ほめたほうが「心の報酬」になることもあるのです。

23 自信のない部下には「根拠のない応援」を

チーム内になかなか結果が出せず、自信が持てない人がいた場合です。そういう人には、「根拠のない応援」をするのも手です。

たとえば、「君はこれからすごく伸びると思う」と励ます。将来のことは、誰もわかりません。いままでパッとしなかった人が突然、能力を発揮して周囲から注目を集めるケースは、いくらでもあります。「君もそうだと思うよ」と伝えるのです。

「○○ができるから」といった根拠は必要ありません。ただ「できる」「そう思う」と伝える。根拠がありませんから、言われたほうは否定も肯定もできません。これで相手が「そうか、自分はこれから伸びると思われているのか」と自信をつけてくれれば成功です。

成長する人は、みな根拠のない自信を持っています。根拠のない自信を持っている人は、幼少期に親や身近な人から存在そのものを認めてもらっています。そういう人は、根拠がなくとも自信を持てます。

自信がない人には、いまから根拠のない自信が持てるようにしてあげる。じつは根拠のない自信ほど、強いものはありません。「三期連続売上げナンバーワン」というのが自信の源なら、売上げが下がってくると自信を失います。一方、根拠がなければ、自信は崩れようがありません。

根拠がないですから、いくらでも言えます。「君みたいなタイプは、二五歳を過ぎるといっきに伸びるよ」などと言う。もちろん保証はありませんから、「知らんけど」と心の中でつぶやいてもいいのです。まずは「伸びると思う」と、根拠がなくても言ってあげることです。

できれば複数の人で言う。複数から言われれば、やがて本人もその気になります。人間は、いい勘違いをするか、悪い勘違いをするかのどちらかです。チームの中に、いい勘違いをする人を増やしていけばいいのです。

ただ一点、使用上の注意があります。この方法は、本来、自信を持ってもらいたいのに自信を持てていない人にだけ使用してください。決してもともと自信たっぷりの人には使わないように。

24 落ち込んでいる部下に過去の失敗を語る

リーダーの失敗は、ときに部下の心の救いにもなります。失敗談を人に話せるようになるには、それなりに時間がかかります。傷が癒えないうちは、笑って話すことはできないでしょう。それを乗り越えて人に話せるようになったとき、その失敗談は人を救うことにもなります。

失敗は、発酵させることで栄養になるのです。ただし腐敗すれば毒になります。あるとき醸造学の勉強をしている人から、発酵と腐敗について聞いたことがあります。時間とともに人の役に立つものに変化するのが発酵、時間とともに毒に変化するものが腐敗です。

成功体験でも失敗体験でも、時間とともに自分の栄養にできれば発酵です。毒にすると腐敗です。腐敗したものはくさいので、みんなが嫌って離れていきます。失敗経験も発酵させられれば、自分にも部下にも栄養価の高いものに変化します。失敗が傷ではなく、

「気づき」になるという考え方です。

エジソンの有名な言葉に「九九九九回の実験に失敗したんじゃない。九九九九回の『こうやると電球はつかない』という発見をしたのだ」というものがあります。これも「すべては気づき」ということです。

頭の中でプランAを考えて実行してみたら、自分では練りに練ったつもりでも現場では通用しないことはよくあります。そこで修正してプランBを出したけれど、やはりダメでプランCを考える。

プランはAよりもB、BよりもCがよくなっていますが、AがあったからCも出てきたのです。Cを引き出すためのAやBですから、AもBも失敗ではない。不可欠なプロセスなのです。

そんな失敗談は、部下が失敗して落ち込んでいるときのいい栄養になります。私も不動産会社に勤めていた頃、先輩からいろいろな失敗談を聞きました。住宅建設の現場には、失敗話がたくさんあります。区画整理されたばかりの土地で一軒も家が建っていないとき、地番を間違えて隣の土地に家を建てたこともありました。このときは本来の地主と交渉して、土地を交換することで収めたそうです。

吹きつける色の番号を間違えて、外壁をピンクにした先輩もいました。チェックが遅れて気づいたときは、ピンクで塗られていた。あらためて上から塗り直しても、下の色が出てきてうまくいかない。「だから色の数字は二回見直さなければいけない」と教えてもらいました。

ＣＧで完成予想図を確認するいまと違い、当時は図面でイメージするしかないため、イメージと実際のズレが大きく、クレームを受けることはしょっちゅうでした。クレームで心が折れそうになったとき、過去の失敗談を聞くことで私たち後輩は慰められたのです。

5章

効果を高める11の強化策

「ほめっぱなしの罪」というもの

よいところを見つけてほめるのが「心の報酬」ですが、じつは「ほめっぱなしの罪」というものがあります。ほめることで相手のモチベーションを上げるのは、半分正しくて、半分はまだ足りません。大事なのはモチベーションを上げたあと、モチベーションの使い道を教えることです。さもなくばセルフイメージばかり大きくなり、職場で好き勝手することにもなります。

ほめることに否定的な人が言う「ほめて調子に乗ったら、どうするんだ」は、まさにこれです。ほめてモチベーションを上げたあと、何もせず放っておくから「自分はデキる」と上司や先輩の言うことを聞かなくなるのです。

大事なのは大きくなった相手のセルフイメージに合わせた、新たなステップを用意することです。「ほめて、認めて、次のステップを用意する」、これならほめられて自我が巨大化することはありません。

「頑張って、○○ができるようになったね。じゃあ次はこれに挑戦してみよう。山で言うと、いま八合目まで来たよ。あと二合残っているから頑張ろう」「よし、この山は越えた。その先にはこんな山があるから、次はこれに挑戦してみよう」などと、次のポイント、目指すべき目標を伝えるのです。

2 ほめるときに「完璧」「いつも」を追加

部下の仕事ぶりをほめるとき、使うといい言葉が「完璧」です。たとえば「この見積もり、チェックしてもらっていいですか」と言われたとき、問題がなければ「大丈夫、ちゃんとできている」となりますが、ここで「完璧」を使えば相手は、「私はとても認めてもらっている」と仕事に自信を持てます。「大丈夫、ちゃんとできている。完璧！」といった具合です。

ここに「いつも」を加えれば、相手をもっと喜びます。「いつもながら完璧！」と言うことで、「いつも私を評価してくれているんだ」「いつも見守っていてくれているんだ」となるわけです。

「いつも」は部下の心に響く言葉ですが、ここで気をつけたいのは、ついダメなことに使いがちということです。「また遅刻か！　お前はいつも遅れるな」「どうしていつも、そうなんだ」と言ってしまう。そしてほめるときは、「珍しい」と言ってしまう。「今日は珍しく早くきたな。雨でも降るんじゃないか」となる。

いいことには「珍しい」、ダメなことには「いつも」と感じるのは、危険を避けるための本能に近いものですが、「心の報酬」を渡したいなら、逆の使い方を意識します。獣ではなく、進化した人間として、いいことは「いつも」、ダメなことは「珍しい！」と意識して使うようにしてください。

3 結果を出したときは理由をインタビューする

部下が仕事でうまく行ったとき、それを当たり前と思うと、そのままで終わってしまいます。ここで大事なのは、なぜ成功したかを追求することです。部下が失敗したとき、失敗の追及をする人は多いですが、成功の追求はなかなかしません。そうではなく、成功したときこそ理由を追求し、成功の追体験をさせてあげるのです。

成功の追体験をした人は、その行動が評価されたことで、今後も繰り返しやるようになります。たとえば、こんな具合です。

「今回の契約がうまく行った理由は何だったと思う?」「提案したあと、そのままにせず、フォローの電話とメールを入れたのがよかったかもしれません。向こうも気になっていたことがあったようで、そこにタイミングよく答えられたことが、今回の結果になったと思います」「そうだね、そこがポイントかもしれないね」

こうした気づきは外から働きかけない限り、なかなか生まれません。人は質問されると、それに対する答えを一生懸命探そうとします。ふつうなら「成功した、バンザイ」で終わるところを、なぜ成功したかを聞かれることで、理由まで考えるようになるのです。

「今月はちょっと時間が取れたので、たくさん足を運んだのがよかったかもしれません」

「そうか、君は足で稼ぐタイプだね。なかなかそんな件数は回れないよね」

4 アドバイスの前にひと手間を

「今回はとりあえず数をたくさん提案してみましたから」「そうか、数で勝負する人間には勝てないからね。勝率は運もあるけど、量は裏切らないからね」

こうした経験を何度もする中で、自分の強みに気づいたり、無意識にやっていたものを意識して行えるようになったりします。

一番いい伝え方は、教えるのでなく、本人に思い当たらせることです。思い当たるとは、いま提示された情報や知識が、自分の過去の体験とつながることです。質問することで、本人の中にあるものを引き出していくのです。

「教育」とはいい言葉で、「教える」と「育む」とから成り立っています。知らないことは教える必要があります。一方、本人がわかっていることは、自らの意志でできるように自立させる。リーダーは思い当たらせ、引き出すことが大事なのです。

いまの若者には、アドバイスに対する心の構えができていない人が増えています。こちらがアドバイスのつもりで投げた球でも、受け取る準備ができていないので、受け止められない。いわば手を後ろで組んでいる状態で、飛んできた球を受け止める態勢になっていません。だから体や頭に当たり、「痛い」「怖い」となるのです。

それを防ぐには、まずは相手の準備を引き出す言葉をかけることです。「君は最近、どんどん成長しているな」「私たちの仕事は、世の中の当たり前を支えている重要な仕事だよね」などと、相手が関心を持つような言葉をかける。

心の中で「どういうことですか?」となって、後ろにあった手が前に来て、ボールを受け止める態勢になっています。そこで「あと、ここが惜しいよね。ここをこうすれば、もっとよくなるよね」などとアドバイスする。「心の構え」→「アドバイス」という二段構えが必要なのでひと手間かかりますが、それがいまの若者にはとくに求められているのです。

いまの若者は、アドバイスをもらったり、ときに叱られたりする体験をバネに、「何くそ!」と奮い立つ力を持っていない人が増えています。成長のために必要なストレス耐性が低いのです。親にも叱られないのが当たり前で、叱ったら、もう次から会社に来なくなる時代です。まずはできているところを認めることで、こちらのアドバイスが耳に入るのです。

5 ヒアリングは聞くだけでOK

部下とのコミュニケーションの一つに、ヒアリングがあります。仕事の進捗状況や悩みなど、内容はいろいろですが、ヒアリングは聞くだけで十分です。「何かいいアドバイスをしなければ……」などと構える必要はありません。

人は面白いもので、考えてから話すのではなく、話してから考えます。まずは話ができる場を設ける。話すことで、本当は自分は何を考えているのかを認識するようになります。

なかにはヒアリングしても、意見を言わない人もいます。そのときは、まず書かせることです。そして書いた内容を読ませます。

「知っておきたいから、ちょっと書いてきて」などと言って、五年後のビジョン、将来やりたい仕事などを書かせ、それを持ってきてもらいます。直接質問したときは答えない人でも、書いたものを読むことはできます。

中身が抽象的なら、具体的な内容を聞きます。「なるほど、じゃあ具体的に言うと、どんな感じ？」「具体的にやってみたい仕事はある？」「逆に、ちょっと負担になっていることや苦手なことはある？」といった具合です。

具体的な答えが返って来なくても、それはそれで問題ありません。相手は「聞いてくれた」というだけで、不安が解消されます。問題は不安を放置しておくことで、不安はやがて不満を生みます。

「それぐらい、言わなくてもわかるだろう」と思っていることを、あえて言うことも大事です。能力を高く評価している部下から、「ずっと認められていないと思っていました」とヒアリングで言われ、初めて気づくケースもあります。

順調に仕事をしていると思って声をかけずにいたのに、相手は「評価されていない」「相手にされていない」と思っていた。そうしたギャップを埋めるために、おりを見てヒアリングの機会を設けることが重要です。

6 ほかの人と比べない

ほめるの反対は、「他者と比べる」です。部下の成長を見るときに、比較対象にするのは同僚や先輩ではなく、その人の過去です。過去と現在とを比べて、その小さなプラスの変化を伝えてほめます。

たとえば仕事のスピードが遅い人の場合です。仕事を進めるスピードには個人差があり、こちらが求める「一〇〇」のスピードを出せる人もいれば、「九〇」や「八〇」の人もいます。少なくとも「七〇」は欲しい職場で、「六〇」しか出せない人もいます。「六〇」しか出せない人が「六三」になったとき、伸びた「三」をいかにほめるかが重要なのです。

「七〇」のスピードが必要な職場で、「六三」に上がったからといって、これをほめるのは難しいものです。それでも、たとえ「三」でも上がったときは「あ、速くなったね」とほめる。スピードは変わらなくても、意識して工夫しているところが見られたなら、「今回はスピードを意識できたね」とほめる。そうすると必ず、その後のスピードも上がってきます。

これも「心の報酬」を渡してきた人がよく言う、「できたからほめるのではない。ほめるからできるようになる」の一つです。一人でもいいから、こういう体験をしてみてください。「三」を見てほめることの価値に気づきだします。頭ではわかっていても、できなかった「ほめる」ができるようになっていきます。

7 悪い報告に驚かない

「びっくりしたって、もう遅い」という言葉があります。ふだん「僕はもう大丈夫です」「一人前です」と自信満々な部下が、深刻な顔で「課長、じつはちょっとクレームがありまして……」と、ものすごく悪い報告をしだした。

「対応に時間がかかって、先方がとにかく怒ってしまい、もう取引停止だと言うんです」

という報告に「えええっ！」と驚いたところで、失敗が消えるわけではありません。「えええっ！」と驚いたら、時間が半日戻るわけでもありません。

だから「びっくりしたって、もう遅い」なのです。それどころか部下のトラブルに、「えええっ！」と大声をあげて驚いたりうろたえたりするのは、「課長は、しょせんこの程度の器か」と部下の信頼を失うもとでもあります。

それを防ぐには、悪い情報があがってきたときに自分はどう応じるか、あらかじめ態度を決めておくことです。「よし、わかった。どういう事情か、ちょっともう一回話してくれるかな」「よし、じゃあ、僕が行って対応しよう」といった具合です。

「部下のピンチは上司のチャンス」という言葉があります。部下がピンチのとき、どのように対処するかで、周りの評価は大きく変わります。冷静な態度で応じられれば、「すごいな、課長。こんな大変な事態になっているのに全然動じてない」などと評価を上げることになります。

ある信用金庫で役員まで務められたNさんの若手時代のエピソードです。不動産の売買契約手続きにミスがあり、得意先を怒らせ、預金を全額引き上げられそうになったことがあったそうです。

結局、支店長が一緒に謝って事なきを得たのですが、帰りに支店長から怒鳴られると思ったら、次のようなことを言われたそうです。「大事なのは、同じ失敗を二回繰り返さないことだからな。これをいい経験にして、二度とこういうことがないようにしろよ」。

さらに翌日、支店長は朝礼でこの話に触れ、次のようなことを言いました。「僕も一緒に行って謝罪したけれど、許してもらえたのは僕一人の力じゃない。このN君がふだんからお客様と人間関係を築いてくれていたから今回の解決になったのであって、僕が行ったから解決したのではない。ふだんの彼のお客様との関係性づくりが、今回のこのいい結果に結びついた」。

みんなの前でほめられるとは思っていなかったNさんは感激し、自分もこのような支店長になりたいと思ったそうです。

じつは平常時のリーダーに求められる役割は、それほど多くありません。うまく行かないとき、トラブルのときこそ、リーダーの役割は大きくなります。そのときに備えて、あらかじめ準備しておくのです。

8 部下が「成長している」ときの注意点

部下の働きぶりを見て、「あいつはいま成長している」と感じることがあるでしょう。本人もやる気を出している。それを温かく見守り、成長を促そうと考えがちですが、リーダーが「成長している」と思っていた矢先、その部下が辞めてしまう場合も、じつは少なくありません。リーダーが「成長している」と思ったとき、本人は仕事へのモチベーションが下がっていることが往々にしてあるのです。

わかりやすいのが、店長に「自分の成長グラフ」を書いてもらったときです。飲食店などの店長たちを集めた研修会で私が行っているもので、自分がどんなときに成長したかをグラフにしてもらうのです。

たとえば、ある店長が書いたグラフです。もともと彼はアルバイトで働いていて、周りから認められて社員になりました。社員になったところで、彼のグラフはガクンと下がります。バイト時代は週三回ぐらい、自分のモチベーションが高いときに来ればよかった。

それが社員になると毎日行かなければならない。仕事が日常になった瞬間、グラフが大きく下がったのです。

別の店に異動になり、そこで働きだすと、また上がりだします。その後、お客さんに叱られて下がり、店を移ると上がりました。環境が変わることで上がったのですが、店長になってまた下がりました。現在は、研修会に通うことで上がりだしています。

他の店長たちのグラフも概ねこのような動きを見せますが、成長は本来、上がったり下がったりを繰り返す折れ線グラフにはなりません。成長は積み上がるもので、右肩上がりになります。店長たちが書いているのは成長ではなく、自分のモチベーションの変化のグラフなのです。

一方、経営者に店長らの成長グラフを書いてもらうと、彼らが書くグラフが下がったとき逆に上がります。そして店長のグラフが上がったときは、横ばいになります。つまり店長のモチベーションが下がったときに経営者は成長していると評価していて、上がったときは意外と成長しているとは認めていません。

環境が変わるとモチベーションが一時的に回復することもありますが、人は成長しません。お客さんに叱られるなど、さまざまな経験の積み重ねで成長していきます。問題はこ

成長のグラフ

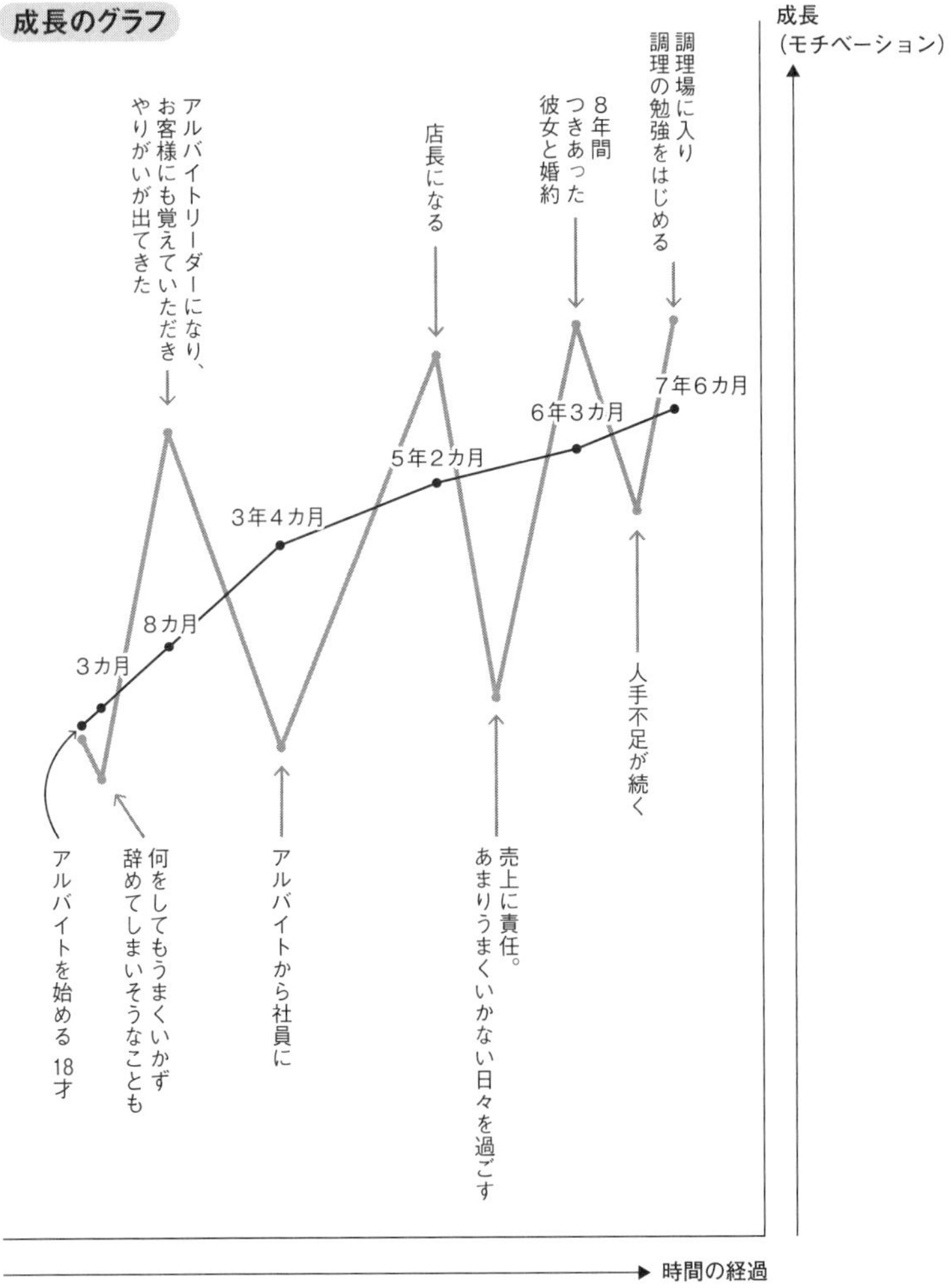
成長
(モチベーション)
時間の経過
アルバイトを始める 18才
何をしてもうまくいかず
辞めてしまいそうなことも
3カ月
8カ月
アルバイトリーダーになり、
お客様にも覚えていただき
やりがいが出てきた
アルバイトから社員に
3年4カ月
店長になる
5年2カ月
売上に責任。
あまりうまくいかない日々を過ごす
8年間
つきあった
彼女と婚約
6年3カ月
人手不足が続く
調理場に入り
調理の勉強をはじめる
7年6カ月

のギャップによって、人は辞めていくということです。こちらは成長していると評価しているのに、モチベーションが下がっているから辞めてしまう。つまりリーダーに求められるのは、モチベーションが下がっている状況にあるときに声をかけることです。

お客さんに叱られてモチベーションが下がっているときに、「いい経験をしているね」「いまこそ成長しているんだよ」と気づかせる。それをせず、「彼はいま、いい経験をしている」と心の中で思っているだけだとモチベーションが下がり続け、場合によっては辞めてしまうのです。

部下のモチベーションが下がっているとき、つらい思いをしているときに「頑張れ！」と言っても響きません。ここで4章で述べた「頑張っているね」と言うのもいいですが、もう一ついいのが、「自分のためだけの経験だと思うとつらいから、これを誰かのための経験だと思えばいいんだよ」です。「君が将来、上の立場になったとき、いまの経験を誰かに話してあげればいい」と。

「いま、すごくいい心の筋トレができているよ」「つらかったらいつでも相談においで」なども、いい言葉です。つらい思いをしているときも、共感してくれる人が一人でもいれば乗りきれます。

9 頭の中で使う言葉を選ぶ

「少なくとも僕は、いつでも味方だから」と伝える。ジャッジは不要です。「そんなこと言っていたらダメだ」「そんなことやっていたらダメだ」ではなく、相手がつらいと思っているときは共感にとどめます。

泣き言を言うのは、悪いことではありません。モチベーションは波の幅が大きい人のほうが健全です。波をうまく表現できない人、変化がわかりにくい人は、気づかれず心を病みがちです。だから突然ポキンと折れてしまうのです。

それを避けるには、ときに泣き言も悪いものではないのです。モチベーションが下がっている人がいたら、「何かあった?」「困ったことはない?」などと声をかける。そこで何か言いたいようなら、相談に乗ったり、黙って話を聞いてあげればいいのです。人は言いたいことを吐き出し切ると、意外と自らポジティブなことを言い始めるものです。

頭の中で浮かぶ言葉と実際に使う言葉は、往々にして違います。大人になるほど、思ったことと口にする言葉は違うものになりがちです。目の前で気の毒な人を見て、「それは自業自得だろ。ざまあみろ」と頭で思っても、口では「いやあ大変だね。なんで、そんなことになったの?」「大丈夫? 私にできること、何かない?」などと言ったりします。

これが「言葉を選ぶ」ということですが、「心の報酬」を渡せる人になるには、頭の中で使う言葉から選ぶことです。気の毒な人を見たとき、「いま彼のことを自業自得だと思っていないか?」と自問自答してみる。「人を呪わば穴二つだから」などとマイナスの言葉を使わない。頭の中で使う言葉をふだんから浄化していくのです。

頭の上に、たらいを乗せて歩くイメージです。ふだんは上澄みのきれいな水を出す。ところが底は濁っていて、躓いてたらいから水がこぼれ出たとき、水の色が濁っている。異臭を放つ。それを避けるため、たらいの中の水すべてをきれいにしておくのです。

頭の中で汚い言葉を使っていたら、何かの拍子にその言葉が出ることもあります。ふだん言葉に出さなくても、つねに頭の中で使う言葉を浄化していれば、それがいざというときのリアクションになります。

頭に浮かぶ言葉を変えていけば、自分の人格、キャラクターも変わっていきます。どういう言葉を選ぶかは、どういう人生を送りたいか、どういう環境に身を置きたいかということでもあります。

幸せや成功の定義は、人によってさまざまです。大金持ちになるのを成功と思う人もいれば、暖かい陽だまりのような家族とともに過ごすのが成功、幸せと感じる人もいます。その成功や幸せを決めるのは、一番は環境です。

大事なのは環境の選択で、環境とは誰と一緒に生きるかということです。そして環境を選択したいなら、使う言葉を選びます。自分が一緒に生きていきたい人が、使っていそうな言葉を選んで使うのです。

「最低」「最悪」「いつも私ばっかり」、そんな言葉を使っていると、そういう言葉ばかり使う人が周りに増えていきます。「ありがたいよね」「おかげさまだよね」「私は幸せ者」「ついている」、そんな言葉を使う人とつきあいたいなら、その言葉を先取りして使います。

成功している人、とくに成功し続けている人に「運の悪い人」はいません。客観的に運がいい悪いは別として、自分のことを「運が悪い」と思っている人は一人もいません。何が起きても「自分はついている」「運がいい」「私がここまで来られたのは、家が貧乏だったことと、健康でなかったから」などと思う。「順調もいいけれど、逆境もまたよし」と思う。

　そういう言葉を使っていると、同じような人が集まってきます。そして成功者は運の悪い人を少しずつ選択して、外していきます。面接でも「私はこういう点で運がよかったです」と言う人は採用されても、「私は不運でして……」と言う人が採用されることはありません。

「私はとっても運が良くて……」といつも言っている人は、表情も明るく、にこやか、余裕があるようにみえます。いい言葉を使うことは、その人の魅力にもつながるのです。

10 自分の感情を観察する

　よく物事は「ポジティブシンキングが大事」と言われます。マイナス面は見ず、プラス面だけ見て生きる。ただし「心の報酬」を渡せる人は、悲しみや苦しみも、しっかり見つめることが大事です。悲しみや苦しみを飲み込み、味わって、栄養にして前に進むのです。悲しみや苦しみをなかったことにするのでなく、受け止め、これにはどのような意味があるかを考える。そこに成長があるのです。

このときに大事なのが、「自分の感情を観察する」という作業です。自分はどういうときに、どのような感情を抱くか、自らの感情を観察する。当事者でありながら、もう一人の自分が自分を見て、「こういうことがあるとき、なるほど、こう傷つくのか」と知る。

感情の観察について私自身、印象に残っている出来事があります。ほめ達を始める直前、コーチングの勉強をするため地下鉄で移動しているときです。改札でＩＣカードをうまくタッチできず、ゲートが私の前でバタンと閉じたのです。

朝のラッシュ時で、すぐ後ろから「チッ」と舌打ちする音が聞こえました。その瞬間、私の中のアメフト時代の血が騒ぎ、「こいつ、しばいたろか！」という思いが頭をよぎりました。同時に浮かんだのが、「ほめ達、チッで人殴る」というフレーズでした。「この言葉は見出しになる！」「将来、ネタになる！」と思ったら、スッと冷静になれました。

相手は若者で、目を見たら絶対ににらむと思ったので、足元を見て「すみません」と言いながら、駅員さんのいる改札に移動して事なきを得ました。
「チッ」と言われてカッとなったとき、「これは見出しになる」と俯瞰できたのが幸いで、「何年か後にいまの出来事を見てみたら、どんな気持ちになるか」、そんなことを考える客観性が持てたのです。

感情的になっても、つねにこうした視点を持つようにする。「昔、自分はこんなことで悩んでいたのか」と思えれば、そのときどきの出来事に入り込まず、第三者の視点で考えることもできます。

自分の中に生じた感情を観察するのは、感情がパフォーマンスを大きく左右するからです。感情をどう扱うかは、仕事をする上でも、人と接する上でも重要です。

ある出来事によって生まれる感情は、じつは止めることはできません。無理やり押さえ込むと、むしろマグマのように溜まり、あとから二倍にも三倍にもなって返ってきます。怒りの感情を押さえ込もうとすると、暴れてさらにやっかいになるので、押さえ込まず観察することが大事です。

いま自分は感情がすごく動いている。感情によってパフォーマンスが下がっている。怒りのエネルギーが強くて思考が停止している。いったんそう気づけば、平静になることは難しくありません。

「人間ができている」と言われる人は、感情のない人や感情が動かない人ではありません。感情はあるし、動くけれど、経験の量が多い分、動いた感情から解き放たれ、もとに戻るスピードが人よりほんの少し速いのです。

たとえば部下を叱るとき、感情的になるのは「怒る」で、やってはいけないと言われます。ただ、相手のことを真剣に考えるなら、やはり感情は動きます。

自分の感情が動くパターンを知り、そうなるためのトレーニングをする。「同じことを二回失敗すると腹が立つ」「注意したことに対し、言い訳されると腹が立つ」「時間にルーズな人にものすごく腹が立つ」、そうした自分の感情のスイッチが入るパターンを知っておく。すると「また、このパターンに入った」とわかり、感情を整えやすくなります。あとから後味の悪い思いもせずにすみます。

11 「量稽古」と「三年先の稽古」

「量稽古」という言葉があります。あることを身につけたいとき、量をこなすことに意味があるのかを考える前に、まずは徹底的に量をやる、ということです。「心の報酬」で言えば、『すみません』の代わりに『ありがとう』と言う」「挨拶を一言で終わらせず、二言挨拶にする」「小さな頼みごとをして感謝を伝える」などです。これらを続けることで本当に「心の報酬」を渡せるのか、部下の心に響くのか、職場の環境はよくなるのか。疑問に思うより先に、とにかくできるだけやってみる。

量稽古をやってきた人間にだけ見える世界があります。量稽古をやってきた人間だけが持てる言葉があります。量稽古をやってきた人間だけが醸しだす言葉の重みがあります。量稽古をやってきた人間だけが持てる、存在感や凄味があります。

さらに言えば量稽古をやってきた人間同士だけが持てる、つながりもあります。「この人とはジャンルが違うけれど、自分のジャンルでしっかり量稽古をやってきた人だ」とわかる。そういう人間同士の認め合いがあるのです。

いまリーダーとして役割を与えられているのは、自分の専門分野において量稽古をやってきた人だからでしょう。新しいリーダーシップへの挑戦、「心の報酬」の渡し方も、やはり量稽古の感覚を大事にしていただきたい。手を替え品を替え、とにかく量をやってみる。そこで身につくもの、見えてくるものが必ずあります。

そしてもう一つ、意識したいのが「三年先の稽古」です。もとは相撲用語で、いまやっている目前の必死の努力は、今日結果が出るものではない。一カ月先でもない。半年先でも、一年先でもない。三年先に、自分が圧倒的な成果を出している、あるいは圧倒的に強くなっている。そのためのいまの必死の努力であり、あきらめない、努力をやめない、という意味です。

たとえば、ある部屋に五〇〇枚入りのA4のコピー用紙が二パック分積んであり、これを一日一枚ずつ隣の部屋に移していきます。一週間、一〇日ではもとの部屋の紙の山には変化は見えませんが、三年経つと最初にあった山はなくなり、隣の部屋にひと山できています。毎日のA4用紙一枚の積み重ねが、やがては誰の目にも圧倒的な差になっているのです。

すぐに目に見える変化や結果が出ることばかり求めない。いわば時間を味方につける生き方で、時間をかけたからこそ手に入るものがあり、強みがあるのです。

人が評価されるのは、ときに「何ができる人か」という以上に、「何をしてきた人か」です。「自分はこれをしました」というものをつくり続ける。一つの人格形成でもあり、周りから評価されることにもつながるのです。

6章

結果を出すチームビルディング

「グループ」と「チーム」の違い

職場におけるチームは、かつての「機関車型」から「新幹線型」に変わったと言われます。昔は優秀なリーダーが一人いて、「俺について来い」とメンバーを率いていました。動力があるのは先頭車両だけで、先頭車両がすべての車両を引っ張っていくイメージです。現在はすべての車両に動力があり、全員が力を発揮するチーム運営が求められています。

これが、いわゆる「新幹線型」の組織です。「新幹線型」の組織とは、すべての車両に動力があり、権限委譲され、全員が力を発揮する組織、チームのことです。全員が力を発揮するので三〇〇キロを超えるスピードを出すことができるのです。

リーダーに求められる能力も、部下を管理するマネジメント能力から、メンバー一人ひとりに力を発揮させ、それを結集するチームビルディング能力になっています。それぞれの個性を生かしながら、適材適所で生かしていくのです。

本章では新幹線型のリーダーに求められるチームビルディングの方法を紹介していきま

す。さらには、新幹線型を超える「ドローン型」チームの運営についても、第7章でお伝えいたします。その前に、そもそも「チーム」とはどのようなものでしょうか。

チームとは複数の人間の集まりですが、複数の人間の集まりには「グループ」もあります。チームとグループの違いは、一般には共通の目的や目標の有無と言われます。共通の目的や目標を持つ人たちの集まりがチームで、これらを持たない寄せ集め集団がグループとなります。つまりチームビルディングは、目的や目標を達成するための組織をつくることで、仲はいいけれど結果を全然出せない組織はチームとは言いません。

面白いのが、ある大学のラグビー部とアメフト部に所属する選手を対象とした研修で、目的と目標の違いを尋ねたときの回答です。ある選手は、チームでは「一緒にいる時間が長い」と答えました。一方でグループについては、「自分たちの好きな時間だけ一緒にいて、必要なくなれば解散する存在」と答えたのです。

別の選手は、グループは「同質の人間が集まっている」のに対し、チームは「バラバラで個性的な人間の集まり」という回答でした。性格もバラバラだし、思いの熱さもバラバラというわけです。

いずれも興味深い考え方で、なかでもチームビルディングにおいて参考になるのが、

「チームは熱量の違う人間の集まり」という考え方です。グループは同じぐらいの熱量の人間が集まりますが、チームには非常に熱い人間もいれば、冷めた人間もいます。一見、同じ目的、目標のもとに集まっているようで、本音レベルで見ると、本気でその目的を達成したいと思っている人と、「とりあえずここにいよう」という程度に思っている人もいるのです。

運動部で言えば、本気で日本一を目指している部員もいれば、「就職に有利だから」という理由で入っている部員もいます。「いちおう日本一を本気で目指すチームにいるけれど、俺はレギュラーでもないし、そこそこ頑張るか」というぐらいの感覚です。これは、職場のチームでも同じことが言えます。

そしてさらにこんな意見もありました。グループは、最初からグループだが、「チームは時間をかけてつくり上げるもの」。最初はバラバラの思いの熱さを、時間をかけて高いところに揃えていくもの。この意見を出したのは、幹部の選手でした。「このチームは、形はチームだけど、本当のチームには、まだなっていないのではないか」。そんな彼の熱い想いが伝わる発言でした。

またボーイスカウトの活動をしている人から、こんな話を聞いたこともあります。一つの集団がグループからチームになるには、大きなトラブルを乗り越える必要があるそうです。だからボーイスカウトでは、わざと難しい課題に挑戦させます。トラブルが起きて仲間同士がケンカするといった過程を乗り越えて、初めて本当のチームになるのです。

これも職場に通じる話で、ギスギスしている職場でも、それは本当のチームになるために必要な過程で一種の成長痛かもしれません。この痛みを乗り越えたとき、一緒の目的や目標を目指せるチームになるというわけです。

目的への思いが一番熱いのがリーダー

チームビルディングを行う上で、もう一つ確認しておきたいのが「目的」と「目標」の違いです。目的とは、追い求め続けるものです。「自分たちは○○のために仕事をする！」と精神的に鼓舞するのが目的です。チームビルディングでは、まず目的を明確にする必要があります。

「目的達成への熱量は、人によってバラバラである」と前項で説明しましたが、その中で本来、一番熱量が多いのがリーダーです。「この目的を達成させる！」と思うと心が奮い立つ。それぐらいの熱量を持てる目的を持ててこそ、そのチームのリーダーになれます。

一方、目標とは「達成すべきもの」です。目的は追い求め続けるものなので、達成されることはありません。それに対し、目標は達成されるべきもので、数値化されていたり期限が決められたりしています。「今月の売上げ目標はこれだけ」「達成期日はいつまで」といった具合です。

目標はチーム全員で共有するものです。とくに新幹線型の組織では、具体的な目標はみんなで話し合い、「自分たちのチームはここまで可能」と納得するものである必要があります。これにより当初はバラバラなメンバーの熱量を同じにしていくのです。

前項でご紹介したラグビー部とアメフト部の選手への研修は、私の出身大学の関西大学で行ったものです。この研修でも目標を共有するためのワークを行いました。簡単にご紹介します。

まず参加者全員に、自分が考えるチームの目標を書いてもらい、それを全員の前で発表してもらいます。ラグビーなら全国大会に出場できる「関西で三位以内」と言う人もいれば、「全国優勝」と言う人もいました。まさにマチマチですが、発表後は討議により目標を共有してもらいます。本音レベルで話した結果、最後は「関西で三位以内」に落ち着きました。一方、アメフト部の目標は「甲子園ボウル出場」で、大学選手権大会の決勝戦を目指すことにしました。

チーム目標が決まったら、次は各自の目標を紙に書いてもらいます。「ベンチプレスで一二〇キロを上げられるようにする」「練習が始まる一時間前に来て個人トレーニングする」といった具合で、大事なのは数値化して他者評価できる目標にすることです。「本気で頑張ります」では、他人からは評価のしようがありません。

期限も大事で、いまが四月なら「九月までの五カ月間で一二〇キロ上げられるようにする」などと決めます。

個人目標も全員の前で発表します。発表することで本人も忘れずにすみ、覚悟もできます。なかには「その目標は具体的でない」などと指摘されることもあり、内容を検討する上で全員の前で発表することは重要です。

個人目標について、リーダーは管理しません。ときどき「できている?」などと確認する程度です。できていたら、「もう一二〇キロ上げられるようになったのか。じゃあ、せっかくだから一三〇キロまで上げてみよう」などと、次の目標に向かってアドバイスします。以上が、目標を共有するにあたって行うワークで、運動部の例ですが職場にも通じるので参考にしてください。

リーダーが知っておきたい「ジグソーパズル理論」

チームを率いるリーダーの中には、「誰よりも優秀でなければ！」と気負う人もいるでしょう。しかし新幹線型の時代にあって、リーダーに求められる役割は、そこにはありません。

人は誰しも、得意な部分と苦手な部分を持っています。自分を大きく見せたいと思えば、得意な部分を見せて、苦手な部分は隠そうとします。リーダーにも、そう考える人は多いでしょうが、実際はリーダーが短所を見せるほど、チームは強く大きなものになるのです。

これは「ジグソーパズル理論」と呼ばれるもので、ジグソーパズルのピースには出っ張った部分とへこんだ部分があります。出っ張った部分を得意な部分、へこんだ部分を苦手な部分とすると、得意な部分を見せようとするリーダーは、出っ張った部分にしか目が行っていません。

ピースのへこんだ部分は何のためにあるかというと、別のピースの出っ張った部分を受け入れるためです。チームも同じで、へこんだ部分があるから、そこに出っ張った部分を受け入れられます。苦手な部分があるから、周りの人の長所を生かすことができるのです。

ピースの出っ張りとへこみを合わせていくほど、ジグソーパズルは大きくなります。チームを強く大きくしたいなら、自分の出っ張りを強調するより、へこみを見せて、そこに他の人の出っ張りをはめ込んだほうがいいのです。

「俺、資料づくりが苦手なんだ。君は数字・データに強いよね。手伝ってくれないか」などと自分の弱い部分を見せて、得意な人に補ってもらう。そうした部分が増えれば増えるほど、できることは増え、チームとしての力は強くなります。

完成したときのジグソーパズルの絵柄・イメージが魅力的であればあるほど、手伝ってくれる人は増えます。みんなが「手伝いたい」「助けたい」と思えるビジョンを示すほど、協力者は増えるし、強いチームになるのです。

逆に言えばビジョンが大きいほど、一人では達成できません。一人の力でできることは知れています。一人でできないからこそ、自分の弱みを見せてでも助けてほしいと思う。

「周りの人の力を借りなければできないほど、大きなことに挑戦する」というビジョンを持っているから、弱みを見せてもいいと思えるのです。

「違い」こそが価値になる

チームづくりを行う上で、リーダーが知っておくべきは「自分と他人は絶望的なほど違う」ということです。

「何でわかってくれないんだろう。ふつうは、この説明でわかるだろう」。自分の説明が伝わらないとき、つい思いがちですが、自分にとってわかりやすい説明が、ほかの人にわかりやすいとは限りません。自分にとっての「ふつう」が、ほかの人のふつうではありません。ほかの人に通じた説明が、別の人に通じるとも限りません。

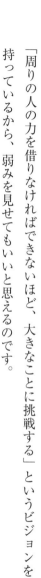

そこからコミュニケーションがうまくとれず、リーダーは苦労することにもなりますが、逆に言うとこれは「人はみな、自分にないアイデアを持っている」ことでもあります。そこを理解している人が、うまいチームビルディングができるのです。

自分と他人は、絶望的なほど違う。その違いこそが価値になり、強みになる。このことを実感してもらうため、セミナーでよく行うのが次のワークです。

「口」という漢字に二画加えて、別の漢字にしてもらいます。制限時間は三分で、思いつく限り書いてもらいます。「口」に二画加えてできる漢字は、全部で二七あります。

「囚」「四」「目」「田」「申」「由」「甲」「旧」「旦」「白」「古」「占」「召」「台」「只」「兄」「号」「叶」「叱」「加」「石」「右」「史」「句」「可」「司」「叩」です。

三分経った時点で、自分がいくつの漢字を書けたかを数えてもらいます。多い人で一五個ぐらい。ほとんどの方は、一〇個以下という結果になることが多いです。そして、ここからが、このワークの本題です。

正解の二七個の漢字をホワイトボードに書き出します。ホワイトボードがない場合には、白紙に書き出します。そして、順番に聞いていくのです。この漢字を書いた人は手を挙げてくださいと。そして一人でも手が挙がった漢字を消していきます。白紙に書き出した場合には、その漢字にバツ印をつけていきます。「囚」「四」「目」「田」などは、ほぼ全員が手を挙げます。

中には、なかなか手が挙がらない漢字もあります。「召」「号」「叱」「叩」などは、超難問、手を挙げる人はほとんどいません。そのため、あらかじめ、これらの文字はなかなか書けませんと言っておき、手を挙げる人がいたときには、思いっきり賞賛して、盛り上げます。

ここで面白いのが、意外な人が、これらの難しい漢字を書いて、貢献することがあるということです。たった一人がみんなを救う。その一人が、自分で書けた漢字の数は六個だったりすると、さらに盛り上がります。

そして、最終的に消すことができた漢字の数を数えてみると、ほとんどの場合、二二個を超えてきます。一人で考えていると、多くても一五個だったのが、みんなのアイデアを集めると、二七分の二二まで解決することができる。これまでのリーダーは、「俺は一人で一五個も書けた、すごいだろ」。これからのリーダーは、「このチーム、すごいね！　みんなの力を集めたら二二個もの力になったよ！」。自分と他人は違う、違うからこそ、素晴らしいのです。

自分では解決できない問題の答えを、隣の人が知っていたりします。「いまの若者は物を知らない」と言われていた若者が、年配者が知らないことを知っていたりもします。ここが大事で「自分は二〇個書けたからすごい。あいつは八個しか書けなかったから、たいしたことない」ではないのです。みんなで力を合わせれば、二二個に増えるのです。まだ解決していない問題も、みんなで知恵を合わせれば解決する可能性は高まります。

リーダーが、自分の知っている漢字をメンバーに教えるような上から下のマネジメントより、メンバーそれぞれの違いを生かして物事に取り組む。そんなチームこそ、圧倒的な成果を出す可能性を潜めているのです。

モチベーションを高める「個人の夢」のヒアリング

ある生命保険会社によると、代理店には大きく二つのタイプ、体育会系タイプと動物園タイプがあるそうです。チームとして平均的な結果、数字を出す代理店が多いのは体育会系タイプで、圧倒的な結果を出すリーダーがいて、自分のコピーみたいなメンバーを集め、率いるというものです。同じタイプのメンバーを集めたチームづくりでもあり、こちらは平均的な結果を出すことが多いそうです。

一方の動物園タイプは、いろいろな人がいるチームです。猛獣系もいれば、草食系もいる。こちらは圧倒的な結果を出すか、まったく結果が出ないかのどちらかだそうです。チームビルディングのスキルがあるリーダーのもとでは圧倒的な結果を出しますが、そうでないとバラバラになってしまい、まったく結果の出ない場合もあります。

チームづくりにおいては、どちらのタイプを選ぶかを決める必要がありますが、現実には結果、動物園タイプになってしまうケースが大半でしょう。体育系タイプをつくろうとするならば、圧倒的な結果を出す人のコピーが務まる人を集めなければなりません。そういう人は、その人自身が一匹狼のような存在で、組織内にとどまる可能性は低く、結果的に人数を集めることが困難になるからです。

必然的に動物園タイプのチームになっているということになりますが、ここで大事になってくるのが個々の特性の把握です。この人は何を好むのか、何を欲しているのか。動物に肉食系と草食系があるように、とにかく数字を出したい人もいれば、そこそこ給料がもらえれば十分な人もいます。

ここで有効なのがヒアリングです。チームの目標や目的を伝え、一方でその人の人生の目的や目標も聞く。よく言われるのが、会社の夢と個人の夢が重なったところに、その人の会社におけるモチベーションが発生するというものです。その重なりを見つけるのが、理想的なリーダーと言えます。

本来は個人の目的と会社の目的が重なるから、その人はその会社に就職したはずです。

ところが、どこかでそれを置き忘れてしまっている。その置き忘れた部分の一部でいいから探し、少しでも重なりを見つける。そのための努力をする。結果として見つからなくても、努力する姿を見せることが大事です。

そこで明かりを見せることができれば、圧倒的な結果につながることもあります。その点で興味深いのが、ある鉄鋼プラントメーカーが行っているヒアリングです。この会社は「一言挨拶」や「ほめて認める」を実践した結果、労災事故や残業が減り、社内に笑顔が増えました。

ここでは個人面談の際、会社の夢と個人の夢を語り合います。社長が会社の夢を語り、そのために必要な売上げなど数字の話をしたあと、「小さくてもいいから『こんなことができたらうれしい』と思えるものはない？」と尋ねるのです。ある社員はトヨタの高級ミニバンが欲しい、と答えたそうです。

値段を尋ねると「わかりません」と言うので、「まずは知ることから始まるから」と見積もりを取ることを提案しました。さっそくパンフレットを取り寄せ、見積もりからローンの返済額を計算したところ、その社員はパチンコを辞めればそのお金で買えることに気づきました。ローン代のほうが毎月のパチンコ代より安く、パチンコを辞めて本当にクルマを買ったのです。

パチンコに行かなくなった分、家庭にいる時間も増え、家族とクルマで旅行をしたり、休みの日を一緒に過ごすという夢も叶ったそうです。

会社はお金を出していませんが、社員の夢が叶うように応援する。それで社員の「自分も会社の夢に関わっていこう」というモチベーションが高まる。自分がクルマを買えたように、社長の夢も達成できるかもしれないと考える。実際、その会社では一年分の売上げを半年で達成するなど、社長の夢も叶い始めています。

個人の夢は、プライベートなことでもいいのです。それと会社での仕事の重なりが少しでも見つかれば、そこを探してあげる。それが本人の課題になったり、モチベーションにつながったりするのです。

チームの課題を明確にする

さらに、チームビルディングの上で必要なことの一つが、自分やチームが抱えている課題を明確にすることです。いまのチームにはどんな問題があるのか、チームワークを阻害している要因は何か、靴の中に入った小石のように、「これを取り除けたら楽になる」というような課題を見つけだします。

課題は、できるだけ具体的なものにします。「入社一年目で集中力が続かない社員への仕事の教え方」「入社歴は一年遅いけれど歳は三つ上で、何かと上から目線で話してくる部下とのコミュニケーションのとり方」といった具合です。

「課題を考えるのは、チームをネガティブに見ているようで好きではない」と言う人もいますが、どんなチームにも課題はあります。チームビルディングにおいて最も避けるべきは、課題から目をそらしたり課題に気づけないことです。

課題は見つけた段階で、すでに半分解決したようなものです。課題が見つかれば、そこには必ず打つ手があります。あるいは課題があることに気づく、この「気づき」自体が大事で、すべては「気づき」なのです。仕事での失敗は、失敗ではなく気づきです。組織も同じで、気づきが重要なのです。

気づいた課題は、すべて紙に書き出します。最低でも三つ、それ以上あるなら、それらを全部書きます。紙に書くことで課題がより明確になり、取り組むべき優先順位も見えてきます。課題がたくさん出てきた場合、とくに優先すべき「ベスト3」を選ぶと、より課題が明確になります。

課題を書き出したら、次にその課題が解決すると自分にとってどのようなプラスがあるかを書き出します。「苦手なあの人ともストレスなく会話できるようになる」「無駄な残業時間がなくなり、趣味の時間を増やせる」など、想像力を巡らせて書く。自分だけでなく、チームが受ける恩恵も浮かべば一緒に書きます。

この作業が課題探しでは重要で、プラス面まで見ておくことで問題解決に積極的に取り組む姿勢も生まれます。

認識が共有できているかを確認する

仕事上のミスを減らす上で、認識が共有できているかを確認することが重要です。たとえば何度注意しても、失敗するスタッフがいる。それはそもそも、その仕事についての認識が違っているからなのかもしれないのです。

スタッフは、その仕事がいかに大事かをわかっていない。だから注意されても、おざなりに聞いている。なぜそれをしてはいけないか、腹落ちしていないから指示に従わないのかもしれません。その場合、相手がその仕事の重要度を理解するまで根気強く伝える必要があります。

新入社員なら、なおさらです。社会人の持っている認識と学生の持っている認識は、さまざまな点で異なります。「ちゃんとやれ！」と言っても、「ちゃんと」の意味がわかっていないこともあります。

さらに言えば社会人同士でも、会社や業界が違えば認識が違う場合もあります。「ちゃんと朝九時に集合しろよ」と言っても、会社によっては「五分前」に来るのが「ちゃんと」ということもあれば、「九時ちょうど」が「ちゃんと」だったりもします。朝九時にちゃんと来たのに、「お前、遅刻じゃないか。うちは五分前が常識だ」と言われても、「そんなこと聞いていません」という話になります。

こんな笑い話があります。ある経営者の方と、経営談義で盛り上がったときです。私が「いまの時代、経営において一番大事なのは理念に対する考え方ですね」と言うと、「そのとおり。いま僕は社内の会議で、いつも理念についての話をするんだ」と答えられたので、私も納得して聞いていました。ところが次のセリフで「おや？」と思いました。「いかに理念の費用を下げるかなんだ」というのです。

その方はホテルの経営者で経費削減について考えていて、「理念」ではなく「リネン」、つまりシーツの洗濯代を下げたいと言いたかったのです。社長は経費削減に関心があり、私の「リネン」という言葉でシーツの洗濯代が頭に浮かんだのです。

同じようなことはチーム内でも起きているかもしれません。チームを円滑に動かすには、まず自分たちが使っている言葉について共通認識を持つ。その言葉を聞いたとき、どのようなことが頭に浮かぶのか、認識が揃っているかを確認する。

一番いいのは共通体験をしておくことです。たとえばプロジェクトで一緒に厳しい経験をする。そういう体験を通じて、さまざまな共通認識が生まれます。

それができない場合は、言葉で伝えることになります。言葉で確認しながら、認識を揃えていきます。ある言葉について、メンバーはどういう認識を持っているのか。一人ひとり聞き出し、確認する。違っていれば修正する。そういう作業を繰り返しながら、統一していくのです。

シンボル的な取り組みを決める

3章で、リーダーは「なりたい自分」を決めることが大切と書きました。私の場合は「元気」「笑顔」「学び続ける」で、これらをふだんから少し意識して生活することで、なりたい自分に近づこうとしています。

チームビルディングにおいても、この作業は有効です。選ぶのは「お客様から言われたい言葉」で、その言葉が集まる職場を目指すのです。たとえば飲食店なら「居心地のいいお店だよね」、工場なら「みんなが挨拶してくれる。気持ちのいい職場だね」など、言われてうれしい言葉を考えます。

すでにお客様から言われている言葉でもいいし、まだ言われていないけれど、こんな言葉を言われたい、という言葉でもいいです。こんな言葉を集められる会社なら、絶対に業績もよくなると思われる言葉を、社員からアルバイトまでみんなに書き出してもらい、集めます。

それらをみんなで見ながら、「これはもう言われているよね」「これは言われたいよね」などと話し合い、最終的に「これから言われるようになりたい言葉」を二つか三つ選びます。

ある飲食店では、「このお店、笑顔だらけだね」「このお店に来ると、お腹がいっぱいになるだけでなく元気までもらえるね」の二つを選びました。続いて、その言葉を言われるために自分にできることは何かをそれぞれ書き出し、宣言しました。あるアルバイトの宣言は次のようなものです。

「私はホールでお客様を案内するので、お客様が席に座られるときに全力の笑顔をします。おしぼりを広げて渡しながら、全力の笑顔をします」

ある社員の宣言は次のようなものでした。

「僕はレジで会計する仕事なので、お客様から伝票をもらうときに、目を見て全力の笑顔をします。お釣りを渡すときも全力の笑顔、帰られるときは背中に向かって全力の笑顔をします。もしお客様が振り返ったとき、自分の最高の笑顔を見せられるようにします」

そうして一人ずつ宣言し、実行します。ただ、すぐに結果が出るとは限りません。この飲食店の場合、二カ月間まったく変化がありませんでした。それでも続けていくと、三カ月経った頃から「ありがとう。おいしかったわ」といった言葉を投げられるようになりました。目標の「笑顔だらけだね」ではありませんが、「ありがとう」と言われる機会が増えたのです。

さらに二カ月ぐらい経つと、「みんな、笑顔がすごいね」「このお店、ものすごく元気がいいね」など、狙っていた言葉と近い言葉が混ざりだしました。ただし売上げは、まったく変化しません。

そして取り組みだして半年ぐらい経った頃、初めて売上げが増えたのです。いままではジョッキが空になると、それで終わりだったのが、そのジョッキの向こうに満面の笑顔があるから、思わず「お替わり」と言ってしまう。「思わず注文」が増えたのです。

さらに週に一度だったお客様が、二回来るようになりました。友達を連れてやって来るようになりました。友達が自分でも来るようになりました。別の友達も連れてくるようになりました。そんなサイクルが回りだすようになったのです。

先行指標を見つけてほめる

この飲食店の場合、取り組みを始めて売上げに結びつくまで半年かかりました。どんな仕事でも、結果が出るまでには低空飛行の時代があります。とくにいまは景気の悪い業界も多く、低空飛行の距離も長くなりがちです。その間リーダーに求められるのは、小さな変化を見つけて支え続けることです。

あるお弁当屋さんが、宅配弁当の受注を始めたときです。一日三〇個を目標にしたところ、初日の受注は二一個でした。目標には九個足りませんが、ここで店長は何と言ったか。「初日で二一個も売れた。すごいじゃないか。これからが楽しみだ」とほめたのです。

二日目は、二七個売れました。目標にはまだ三個足りませんが、ここで店長が行ったのは、「今日は昨日より六個多く注文してもらった。話題にしていただいているのかな」と前向きな言葉がけでした。

三日目は一九個で、前日より八個減りましたが、この日はそれまでゼロだった夕方に四個売れました。そこで店長は、こう言うのです。「やったね。お昼だけでなく、夕方の注文もいただいた。ありがたいね。この夕方分に昨日の二七を足したら、三一個で目標達成だね。楽しみだね」。

四日目は昼が二七個、夕方が四個で合計三一個売れました。「初の目標達成だね。本当にそうなったね、ありがとう。三一個、これがいまのところ最高記録だ。二日続けて、夕方の注文もあったし、うれしいね」と、ほめました。

五日目は二九個で目標より一個少ないですが、夕方は五個売れました。「今日は夕方の注文が過去最高だよ。三日続けての夕方の注文で、夕方の注文が定着してきたみたいだね。今日の夕方の注文と昨日の昼の二七個を足したら、また記録更新だね。最初の週なのに目標に対して八七・三パーセントの達成率、この先どこまで伸びるんだろう。来週からが楽しみだね」と、やはりほめるのです。

日々変動する注文を見ながら、切り口を変えてほめて支える。数が減ったときも、よい材料を探して勇気づけをする。光や希望を見せて、引っ張っていくのです。

表彰制度で理念と行動を紐づけ

チームのメンバーが企業理念を理解しているか、チームに企業理念が浸透しているか確認するのもリーダーの役割です。参考になるのがリッツ・カールトンの朝礼です。リッツ・カールトンにはゴールドスタンダードと呼ばれる企業理念があり、朝礼はこの企業理念を確認する場にもなっています。

「彼はゲストにこういう対応をしました。これは私たちのゴールドスタンダードのこの項目に該当し、彼はそれを実現してくれたのです」などと、ほめる内容と企業理念を結びつけて話す。企業理念は基本的に抽象化されています。それを具現化したのが彼のこの行動だと伝えるのです。

「顧客に寄り添う行動」が企業理念なら、「彼は今回、納期で困っているお客様に対応するため、直接工場にかけあって納期を何とか短縮してもらった。これは私たちの企業理念の『顧客に寄り添う会社』につながる行為だね」などと紐づけしていく。

朝礼などを使って毎日行うのもいいですが、もう一つ効果が高いのが表彰制度です。たとえば年末に表彰式を行うことにして、表彰する賞の種類や表彰基準をみんなで考える。これを理念と結びつけていくのです。

「顧客に寄り添う経営」なら「寄り添い大賞」をつくるといった具合で、どういう行動をした人に大賞を贈るかなどを考える。「成長賞」「成功体験実感賞」「チャレンジ大賞」など、みんなで考える中で、自分たちが目指す行動はどのようなことかも明確になっていきます。その中で、「自分はこの賞なら狙えそうだ」などと目標が決まれば、やりがいにもなります。

チームの目標というと、えてして数字に目が行きがちですが、そうではない部分で理念を分解した賞を考えるのです。

たとえばある社会保険労務士事務所で、業績が伸びる中、経験のない人がどんどん入ってきたときのことです。すぐに業務にあたらせるには、助成金制度など、いろいろ教えておく必要がありますが、教えるという行為は仕事としてなかなか評価されません。そこで「ベストティーチャー賞」を設けることにしたのです。これにより「業務の空き時間に、この人のところへ行けば何でも教えてくれる」といった人が表彰されるなど、所員たちの中で教えることへの意識づけが高まりました。

表彰制度は、ふだん光が当たらない人に光を当てる作業にもなります。スタープレーヤーは、放っておいても光が当たります。表彰制度では、縁の下の力持ち的な人がやっている仕事を表彰するようにします。

職場の雰囲気をよくするため「ありがとうカード」を導入する組織もありますが、定着する組織ではリーダーが最もたくさん書いています。それも、ふつうならもらえる枚数が一番少ない人に最もたくさん書きます。

そういうリーダーのもとでは定着します。「この人のどこをほめたらいいの？」と思うような人に、その価値を一生懸命探して伝え続ける。表彰制度にも、そうした視点を持つことが大事です。

スタッフの情報はエピソードで覚える

スタッフの数が多すぎて、一人ひとりについて覚えきれない。アルバイトが多い職場などでは、スタッフの顔や名前を覚えるのに苦労しているリーダーもいるでしょう。そんなときに役立つのがエピソード記憶です。

人間の記憶には短期記憶と長期記憶の二種類があります。「私は記憶するのが苦手」というときの記憶は、短期記憶のワーキングメモリを指します。入ってきた情報を覚える能力ですが、これはホワイトボードのようなもので、いくつか覚えると前の情報を消さないと新しく記憶できません。時間にして、せいぜい数秒から数分で、つねに上書きを繰り返します。

一方、長期記憶は体を動かしたり、学習したり、体験したりすることで覚える記憶です。なかでもエピソードとして覚えた記憶はエピソード記憶と言い、長期にわたって覚えている記憶です。

人間の脳は怠け癖がありますが、その一方で非常に優秀で、自分で思っている以上にいろいろなことを覚えています。とくにエピソード記憶は、すべて脳の言語や記憶を司る側頭葉にしまわれています。エピソードとして思い出そうとすることで、忘れていたことでも思い出しやすくなるのです。

編集工学研究所所長の松岡正剛さんの名言に「記憶はひとりで居られない」というものがあります。記憶は一つを単体で覚えるより、周辺情報と一緒に覚えるほうが定着しやすいのです。

私も人の顔や名前を覚えるときには、いくつかのエピソードや周辺情報と合わせるようにしています。私は、どんどん増え続けているほめ達認定講師（現在二九八名）全員の顔と名前を覚えていますが、覚えるのは認定講師の養成講座の第一講目のときです。出身地や何がきっかけで受けてくれたのか、二級を取った時期はいつ頃か、過去にどのような会話をしたか、そんなエピソードを思い出しながら顔と名前を覚えていくのです。

次回会うときも、以前の会話を思い出しながらエピソードをアップデートしていきます。

「○○さんの娘さん、ピアノ習っていましたよね。その後どうですか？」「ちょっと聞いてください！　うちの娘、そのピアノ教室でほめ上手だって、お友達から言われていて……」「それは素晴らしいですね！」

「△△さん、先日、海外に行かれていましたよね。実際に行かれてどうでしたか？」「よかったです！　とくに……」「それは羨ましい！　私の行ってみたい場所に登録決定です！」

こうしたやりとりをしながら、記憶を定着させていくのです。さらに話をするときは、できるだけ名前も織りまぜます。

覚える内容は、できるだけよいことにします。人は放っておくとマイナス面に意識が行きますが、嫌なことは忘れたいという思いもあります。「この人はせっかちな人」「この人は神経質な人」などと見るのではなく、「この人は笑顔が素敵」「この人は愛妻家」などと、よいところを拾って覚えるのも忘れにくくするコツです。

人の顔や名前を覚えるのは得手不得手があるように思われがちですが、自分で「できない」と思っているだけで、意識すればできるようになります。私も以前は覚えるのが苦手でしたが、ほめ達を始めて認定講師は全員覚えようと決め、エピソードを絡めて覚えることで全員を覚えられるようになりました。

7章

「チームの若手」のやる気の高め方

ゲーム世代に大切な「成長の実感」

いまの若者たちのやる気を引き出したいとき、注目したいのが、彼ら・彼女らが子どもの頃からゲームに親しんだ「ゲーム世代」だということです。

ゲームをやる醍醐味は、成長を実感できることです。やり続けることで経験値が上がり、難しい技ができるようになる。レベルが上がって、いままで倒せなかった敵を倒せるようになり、行けなかった町に行けるようになる。解けなかったパズルが解ける。自分がどんどん成長するのを実感できるので、楽しいのです。もっと味わいたくて、時間とお金をどんどん費やしてしまう。

人は誰しも「成長したい」という欲求を持っています。それをうまく利用したのがゲームなのです。

現実世界では、大人になるほど成長を実感する機会がなくなります。だから大人になってもゲームの世界から抜けられなかったりもするのですが、それを実感できる仕組みを用意するのです。

一つクリアしたら、「チャラリラリッラ、チャッチャー」などと頭の中に音楽が流れるような、成長実感の演出です。「いま自分は、この難題に挑戦している」「いま自分はこの難問をクリアした。ワンランク成長した」、そう思える課題を与え、彼らのやる気を引き出すのです。

たとえば簡単な仕事を頼んで、できたら感謝の気持ちを心から伝える。「悪いけど、これ手伝ってくれる?」「ありがとう、時間が足らなかったので助かった」。「これ調べてくれる?」「ありがとう。あの資料、プレゼンで使ったんだけど、すごく役立った」。さほど経験がなくてもできる仕事、小さな成功を体験できるようにして、成功体験を味わえる、成長を実感できる仕組みをつくるのです。

「新人に成功体験をさせる」というのは、東京ディズニーランドが行っている手法でもあります。東京ディズニーランドの見どころの一つにパレードがありますが、パレードに出てくるクルマ一台一台には、それぞれストーリーがあります。このクルマにはどんな意味があり、どんなキャラクターが乗っているか。この配置にどんな意味があるのか。それらを勉強させ、パレードが始まると、近くにいる子ども連れのファミリーに「こういう意味があるんですよ」と説明させるのです。

子どもたちは「へぇー、すごい。そうなんだ」と、目をキラキラさせて喜びます。一番おいしい役どころで、「こんなにお客さんに楽しんでもらえた」と成功体験を最初に味わってもらい、その後のモチベーションにつなげるのです。

帝京大学のラグビー部もそうです。帝京大学は近年、大学ラグビー界で抜群の強さを発揮していますが、大学の体育会系というと雑用はすべて新入部員の仕事というのが相場です。それが帝京大学では、四年生が道具運びをするのです。一番ラグビーが好きで、責任感のある人たちが雑用をこなす。体力がなく、部に対する忠誠心がそれほどではない新入部員は、ラグビーの練習だけするのです。

四年生は、部に愛着があるから雑用も苦になりません。新入部員はラグビーだけやればいいから、どんどん成長します。帝京大学が強くなれたのは、このやり方に変えたことも大きいのです。

貢献欲求が強い、いまの若者

いまの若者の特徴としてもう一つ、貢献欲求の強さがあります。人は誰しも、「誰かの役に立ちたい」という欲求を持っています。その欲求がとくに強いのがいまの若者で、仕事にはあまり興味を示さないけれど、休日になるとボランティア活動に励む人は少なくありません。実際にしていなくても、そういう活動に携わりたいと潜在的に思っていたりします。自分一人の成長よりも、社会に役立つことに対して高い関心を持つ人が、非常に増えています。

そこで大事なのが、この仕事がいま社会にどのように役立っているかを伝えることです。どんな仕事でも、何の役にも立たない仕事などありません。この職場で自分の能力を最大限に使ってできることは何か、今後成長したら、どのように会社や社会に役立つか。お客様の役に立つかを教えるのです。

お客様から直接「ありがとう」と言われることはなくても、ふだん気づかなくても、じつは社会を支える重要な役割を担っている。この仕事があるから、社会がうまく回っている。貢献の実感ができるように言語化し、伝えてあげることが大事なのです。

お客様からもらった、感謝の言葉を伝えるのも一つです。ＢｔｏＢの仕事でも、仕事をする中で、喜んでもらったり感謝されたりする経験はあるはずです。それを思い出し、言語化して伝える。

それができるリーダーなら、その下で働く人たちも幸せです。会社としても、経営資産である人を最大限に成長させることができます。お客様にも、高い価値を提供できます。まさに「三方よし」「四方よし」です。

リーダーにとっても、いまの仕事をあらためて再定義する機会にもなります。再定義は、いまの仕事の新たな価値を発見することでもあります。たとえば英会話スクールのECCでは、東京オリンピックに向けて「未来は、言葉で変わる。」をキャッチフレーズにしました。「日本語だけしか使えないのではなく、日本語プラス英語も使えるようになると未来が変わるよ」という意味です。自らの仕事を「英語を教えるだけではなく、生徒の未来を変えるために英語を教えること」と再定義したのです。

2章でご紹介した南部自動車学校も、自分たちの仕事の再定義をしました。成功体験や成長実感を持ちにくいいまの世の中にあって、教習の中で成功体験や成長実感を持たせてあげることこそが仕事と考えたのです。

ほめ達の認定講師で生命保険会社の営業職の方から、素敵な定義を聞いたこともあります。生命保険の営業は尊い仕事ですが、相手から「何か売りつけられるのではないか」と身構えられやすい仕事でもあります。そうした中、「私たちの仕事は、悲しみとともに貧しさが訪れないようにする仕事です」と定義されたのです。

この方は早くに父を亡くされ、一家の大黒柱を失った上、十分な額の保険に入っていなかったため進学の道が狭くなり苦労されました。いまは幸せな人生を歩んでいますが、自分のような苦労や、残された母が味わった悲しみ、なかでも貧しさによる苦しみを受ける人がいなくなるようにと、いまの仕事を選んだのです。

自分たちの仕事を再定義すると、どのような仕事になるのか。それを若者に伝えるのもリーダーに求められる仕事です。

本業以外にも役割を与える

ルールには従わないけれど、場の雰囲気には従うのも、いまの若者の特徴です。そこで彼らが前向きに取り組みやすい、場づくりをすることも重要です。挑戦して失敗しても怒られない、安心・安全な場であることを示す。すべては「気づき」であり、挑戦した分だけ自分たちは成長したと思える場をつくる。

これまで優秀なリーダーは「ビトウィーン・イヤーズ」でした。耳と耳の間、すなわち頭のよさで引っ張っていきました。いまはそれだけでは足らず、「ビトウィーン・ノーズィズ」、鼻と鼻の間、つまり人と人の間の場づくりの能力も求められるのです。

たとえば本業とは別に役割を与える。とくに仕事の成績・数字が伸び悩んでいる人に、別のところで力を発揮できる場所をつくるのです。これにより「自分はこのチームの役に立っている」という自己効力感を得られます。

たとえば元気のいい人、声の大きい人には挨拶係を担当させる。「僕もみんなに挨拶するけれど、一人ではなかなか定着しないから、僕が『おはよう』と言ったら、『おはようございます。今日も頑張りましょう』ぐらいで返してくれるかな。ちょっと盛るぐらいでやってくれると、ありがたいな」といった具合です。

「君は業務効率化担当にするから、何でも提案してくれ」「君は、誰かがアイデアを言ったときの『いいですね』役担当を頼む」など、キャラクターに合う役を振っていきます。

ネガティブなタイプなら、決まり事が守られているかどうかの確認担当、不満点を探して改善提案する改善担当なども考えられます。

大事なのはチームの中に、悪者をつくらないことです。マイナスに見える部分も、プラスに変換して担当を与える。ミスが多いけれど、ノリがいい人は盛り上げ担当、取り柄が見つからないなら、とにかく人の提案に「いいですね」と言う担当など、仕事以外の居場所をつくることで、安心してチームにいられるようにするのです。

ドローン時代のメンバーとの関わり方

現代の組織は機関車型から新幹線型に変化していると述べましたが、じつは新幹線型の時代も終わり、いまやドローン型の時代が到来しつつあります。ドローン型では、各自が自由に行動し、情報を集め、新しいビジネスチャンスを探す。まるで飛び広がった蜜蜂が、蜜のありかを見つけ、それを仲間に知らせるように。その中心となる女王蜂となること、これがこれからのリーダーの役割なのです。

いまの若者は「使命感」や「プロ意識」では動かなくても、ひとたびスイッチが入れば高い能力を発揮します。どうすればスイッチが入るかを考えたり、それぞれが持つ能力がどんなものかを把握することも、リーダーには求められます。

機関車や新幹線と違い、ドローンには定時発車という概念がありません。いつ動くかわからず、ただし動き出せば列車を上回るスピードで飛んでいきます。トンネルもカーブも不要で、目的地に向かってまっすぐ進むので、先にスタートした新幹線より早く到着することにもなります。

ただ、そんな〝ドローン〟の行動は、見ているほうをイライラさせます。〝新幹線〟がみんな発車しているのに、ある〝ドローン〟だけ動かない。じつは〝ドローン〟はきちんと計算していて、一五分後に出発すれば間に合うから動かないのかもしれません。

ここでリーダーが「なぜ動かないんだ?」と聞いて、「一五分後に出発したら、ちょうど間に合いますから」という答えが返ってくれば、リーダーも安心します。部下が理解できない行動をしているなら、まずは聞いてみる。そうすればイライラせずにすみます。

また〝ドローン〟の計算が、いつも正しいとは限りません。「その時間で間に合うかもしれないけれど、途中でバッテリー交換することもあるから、もっと早く出たほうがいい」とアドバイスすれば、「あ、確かにそうですね」と、早く出発することにもなるでしょう。

あるいは「ふだんはそれでいいけど、今日は逆風が強いからスピードがあまり出ないよ。だから早めに出たほうがいいよ」と状況に応じたアドバイスをできるかもしれません。なかには、そこまで計算して「一五分後」と言っている場合もあるでしょう。そのときも、確認さえしておけば「それなら大丈夫」と安心できます。

その一方〝ドローン〟は、目的地をしっかり明示しないと戻ってこられません。そこがレールの上を走れば目的地に着く〝新幹線〟と違い、目標や目的を共有していることが非常に大事です。「どんな行き方をしてもいいけれど、目的地は間違えないでほしい。この時間までに着いてほしい。道は一緒に考えよう」などと話し合う。

従来にない作業が求められますが、これを「大変」ではなく「楽しみ」と感じる、自己成長を楽しむメンタリティも、これからのリーダーには求められます。

年上の部下にはビジョンを語って協力を仰ぐ

リーダーとしてチームを率いるにあたり、やりにくいのが年上の部下がいるときです。年齢はもちろん、ときにキャリアも相手のほうが上で、遠慮から言いたいことが言えなかったり、相手から軽く見られないか不安になったりもします。

リーダーは人間力でチームを引っ張っていくのが理想ですが、年齢や経験不足などからそれが難しいときは、チームが目指しているビジョンを語り、志を伝えることです。

「私はまだまだ若くて、経験もありません。○○さんのほうが経験も豊富で、能力もありますが、この会社が向かう方向、この会社が実現したいと思うビジョンに私はとても共感しています。私自身は未熟ですが、このビジョンを実現することへの思いは誰にも負けないと思っています。どうかこの会社のビジョン実現を助けると思って、私にお力を貸していただけないでしょうか」

人としては未熟だけれど、この仕事に懸ける思いは非常に強いとアピールするのです。

リーダーの仕事は、チームに希望を与え続けることです。「結果を出さなければ売上げが立たないし、給料も出ません」というのでは、あまりに寂しい考え方です。年上の部下に対してもそれは同じで、ただ引っ張っていくのではなく、「協力してほしい」「助けてほしい」という態度をとる。

一人で登れる山は低い山に限られます。エベレストなど標高の高い山に登ろうと思えば、助けてくれる人が必要です。ベースキャンプがあり、案内や荷物持ちをしてくれる人たちがいないと登れません。一人が登れる山ではなく、力を借りないと達成できないようなビジョンを持っているなら、臆さず年上の人にも協力を仰げばいいのです。

チームのムードをよくする「日向口《ひなたぐち》」

「うちの職場は陰口を言う人が多いのですが、どうすればいいですか」。そんな質問をリーダーから受けることがあります。このとき私が言うのが、そういう場には、あまり近づかないことで、加えてもう一つお勧めするのが「日向口《ひなたぐち》」です。

日向口は「陰口」の反対です。その人のいないところで悪口を言う「陰口」に対し、日向口はその人のいないところでほめるのです。「陰ぼめ」とも言います。

誰かが、ある人の陰口を言っている場に居合わせたら、「でも○○さんって、頑張っているよね」とほめる。陰口が好きな人は、日向口を言う人から離れていきます。日向口を積極的に発信すれば、陰口が飛び交う場に身を置かずにすみます。

同じように日向口が好きな人を探し、一緒にいるようにすれば陰口を言う人たちはいよいよ遠ざかっていきます。リーダーが率先して日向口を言う。日向口を言うメンバーの多い職場は、自然に雰囲気がよくなります。

またチーム内に仲の悪い二人がいる場合、やはりチームの雰囲気は悪くなりがちです。

そんな二人が仲よくなることは、「心の報酬」を渡せるリーダーのもとでは、よくあります。二人の仲が悪い理由として、「お互いをよく知らないから」というケースがあります。知り合った頃にちょっとした行き違いがあり、以後、お互いを避け合うようになった。相手の情報が少ないため理解ができず、ますます疎遠になるといった具合です。

その場合、相手を知ることで理解ができ、逆に非常に仲がよくなったりもします。あえて二人を同じ担当にするなどして、コミュニケーションの機会を増やすと関係が改善します。

朝礼や会議を「グッド&ニュー」から始める

職場の雰囲気をよくしたい。部下同士、もっと仲よくしてほしい。そんなときにお勧めの方法が「グッド&ニュー」の時間を設けることです。朝礼や会議が始まるときに、最近起きたよい出来事を発表してもらうのです。相手のことを知れば知るほど、相手に対する親近感が増し、相手に好意を抱くようになります。

時間は一分程度、持ち回り制で一日一人ずつ話してもらいます。「この前、子どもが水泳で五〇メートル泳げるようになりました」「先週の日曜日、子どもとリンゴ狩りに行きました」「今日、家から会社まで一度も赤信号に引っかかりませんでした」「こんな面白い映画を見ました」……。どんな小さなことでもいいので話してもらうのです。

話を聞くことで、その人のふだんの暮らしぶりを垣間見ることができます。こわもてで無口と思っていた人が、じつは子煩悩で子どもと一緒にアニメを見ていたり、華奢で小食に見えた女性が大変な大食いだったりする。

発表してかまわない、自己開示していいプライベートをシェアする中で、意外な共通点が見つかり、親しくなることもあります。「え、〇〇小学校出身なの? じゃあ△△さん、知っている?」「さっき言っていたレストラン、気になってるんだけど、どんな感じだった?」といった具合です。

いま「働き方改革」によって、職場にいる時間は短くなる傾向にあります。飲みニケーションのようなものも、どんどん減っています。同じ職場にいながらお互いのことを知る機会が減る中、ちょっとした情報をやりとりする仕組みをつくるのです。そうすることでコミュニケーションも密になり、その積み重ねが職場の雰囲気をよくすることにつながります。

発表が終わったら、4章でお話しした「全力の拍手」で応えることも重要です。「全力の拍手」をもらうことで、話したほうは「受け入れられた」と思い、次回も話をするのが楽しみになります。

「ほめる」はみんなの前、「叱る」は個別で

チームの雰囲気が悪くなっている。チーム全体に活気がない。そんなときリーダーは、チーム全体に活を入れることになります。ここで忘れてならないのは、チームビルディングにおけるリーダーの大きな役割は「安心・安全な場づくり」ということです。それには叱るとき、目立つ一人を大勢の前で叱ったり、見せしめとして叱ったりしないことです。叱るときは個別に、別室などに呼んでするることが肝要です。

一方、ほめるときは全員の前でほめるのが有効です。とくにチームで目指す目標があるとき、それにいち早く近づいた人、よい兆しを見つけたら、それについて、みんなの前でほめます。

ただ、ほめる文化が定着していない職場の場合、特定の人をほめると妬みが発生しかね

ません。そこで一人をほめるときは、みんなをほめるようなほめ方が大事です。「今回、○○君がこういう結果を出したけれど、それはみんなが支えてくれたおかげだね」「彼が結果を出せたのは、みんなの協力があったからだね」と、その人だけでなくチーム全体を賞賛するほめ方をします。

それには、日頃からチームを観察しておくことも重要です。言葉だけで「みんなのおかげ」と言うのではなく、「こんな協力があったから」と具体的な話をする。そうすることでチームの人たちも、何が自分たちに求められているか認識します。自分たちの成長も実感できます。自分たちのチーム力も上がっていることを実感できます。

大変なときこそ「面白くなってきたぞ」

これから求められるリーダーは、「この人、すごい」と尊敬されるのではなく、「俺たち、すごい」「このチーム、すごい」と思わせるリーダーです。「この人といると、自分がすごく優秀な人間になった気がする」「この人と一緒だと、自分が成長している実感がある」、そう思われるリーダーです。

そんなリーダーであるためには、大変なときこそメンバーを鼓舞する言葉を使います。「大変だけど、いまが踏ん張りどころだから頑張ろう！」などと励ますのもいいですが、いっそ危機的状況をみんなで楽しむような言葉がけをしてはどうでしょう。

大変になってきた、危機的状況というところで、「面白くなってきたぞ！」と言ってみる。アニメの『ルパンⅢ世』でルパンの相棒の次元大介が言うイメージです。銭形警部や警官らが追ってきて、上空にも警察のヘリコプターがパラパラと飛んでいる。絶体絶命のピンチというところで「面白くなってきやがったぜ」とつぶやく。これを真似してみるのです。

あるいはさらにドラマチックに「さあ、伝説の始まりだ」もいいでしょう。「来世でも誇れるような一日にしよう」と鼓舞するのもいいかもしれません。

非日常的でドラマチックなセリフを言うことで、みんなの気持ちを盛り上げる。ドラマの主人公のような高揚感を持たせる。大変な場面でこんなセリフが出てくるリーダーに、心の余裕や頼もしさを感じるはずです。

8章

心のしなやかなリーダーになるために

リーダーにかかる負荷はすべて「心の筋トレ」

リーダーになると、思いどおりに行かないことがたくさん出てきます。リーダーにしか背負えない荷物があり、リーダーにしか見えない景色があるからです。これはリーダーには、さまざまな負荷がかかることでもあります。そして、そのすべての負荷は「心の筋トレ」となります。

リーダーだからこそ、心が鍛えられて強くなれるのです。リーダーをしていて、うまく行かないこと、つらいことがあれば、「いま、すごく心の筋トレができている！」と考える。自分の思うとおりに動かない部下、失敗ばかりする部下がいたら、「この子のおかげで最高の筋トレができている！」と捉える。筋トレをして心の筋肉が鍛えられれば、リーダーとしての心のフィジカルが強くなります。

筋トレは、筋肉痛を起こします。筋肉痛は、成長痛でもあります。重い負荷をかけることで筋肉が損傷し、痛みを引き起こす。損傷した筋肉は、栄養と休養によって回復し、このとき筋肉は以前より太くなり、より重い負荷に耐えられるようになります。これを「超回復」と言い、負荷をかけたあとの栄養と休養が、より強い筋肉をつくります。

心も同じです。心の筋トレをしたあとは、しっかり栄養と休養をとります。「今日、心の筋トレをした」と思ったら、栄養と休養をとる。そのためには自分なりの栄養や休養を持つことも大事です。

私の場合、もともと銭湯の息子だったので、大きなお風呂やサウナに入ることが栄養や休養になります。好きな映画を見るのもそうです。そんな自分なりの栄養や休養をとることで、筋トレ後の痛みを成長につなげることができるのです。

悪い数字を見たときにリーダーがすべきこと

いつもメンバーのいいところを探そう、「心の報酬」を渡そうと意識しているリーダーでも、できなくなる瞬間があります。それは**悪い数字を見たとき**です。

ほめることとの反対は「数字を見ること」と私はよく言います。実際、責任ある立場の人が自分に責任ある数字でよくない数字を見ると、「いいところを探そう」という気持ちは全部、吹き飛んでしまいます。

「売上げが伸びない」「予定どおり進んでいない」「納期に間に合わなかった」など悪い数字を見た瞬間、目の前にいる部下に対し「言ったことをやっていないからだ！」「間違ったやり方をしているからだ！」などと、ネガティブな考えがどんどん頭に浮かんできます。それで「お前、何やっているんだ！」「何回言ったらわかるんだ！」と問答無用な口調で怒鳴ってしまうのです。

これを避けるには、「人は数字を見ると感情が動く」と覚えておくことです。悪い数字を見て、よいところを探そうという気持ちが吹き飛んだ。これを「数字を見たからだ。数字が悪いからネガティブな感情しか抱かなくなっている」と理解する。その上で動いた感情を観察するのです（一四九ページ参照）。リーダーとして避けて通れない心の筋トレとも言えます。

そして悪い数字を見て感情が動いたときは、数字から離れた話をすることです。「ところで資材の発注は終わった？」と段取りの確認をするなど、具体的な話をする。まずは冷静になり、その上で数字が目標をクリアできなかった理由を考える。冷静な頭で考えれば、策も見えてくるし打つべき手も浮かびます。

感情に支配されているときと平静なときでは、出てくるアイデアの量も質も違います。

部下への態度も異なります。悪い数字を見たときは、まずは高ぶる感情を抑える。そのうえで「これは、どういうこと？」「俺はこう思っていたんだけど、違うの？」などと尋ねる。リーダーが冷静であれば、部下も本心を言いやすくなります。そこから問題点も見えてきます。

「トライ・アンド・エラー」を楽しむ

リーダーの中には、失敗を恐れる気持ちから、新しいことや危険なことへの挑戦を避ける人もいます。しかしリーダーは「トライ・アンド・エラー」を楽しむ気持ちが大事です。試してみて、問題があれば修正し、また試す。これを繰り返しながら、結果につなげていくのです。

世の中がどう変わるかわからない時代、過去の踏襲しかしないリーダーでは通用しません。自分が新しい未来のリーダー像、理想のリーダー像をつくる。すべては、そのためのトライ・アンド・エラーと考える。

とくに意識したいのが、リーダーシップにおけるトライ・アンド・エラーです。先に述べたように、「心の報酬」を渡したけれど、相手には伝わっていない。それなら別の「心の報酬」を渡してみる。うまく行かなくても手を替え品を替え、働きかけ続けるのです。

たとえエラーしても、すべてのエラーは「気づき」です。「失敗ではない、すべては気づきだ」というのは、リーダーにも言えます。そしてこの言葉が、うまく行かないときのリーダーの心を守ってくれます。

とくにこれからのリーダーは、結果を出すためには、心のたくましさ、しなやかさが求められます。そのために必要なのがトライ・アンド・エラーを「気づき」と捉え、楽しむ気持ちです。

若手の中には、あまりに物事を知らず、非常識な言動をする人もいるかもしれません。それをいちいち気にしていたら大変です。「いまの子は、こういうことを知らないんだ」と受け止め、それを「気づき」と考えればいいのです。トライ・アンド・ファインドです。

自分の本気度がわかる三つのバロメーター

自分は頑張っているのに、チームのメンバーにもう一つやる気を感じない。熱意を持って仕事に取り組んでくれない。相手のモチベーションに疑問を感じたとき、まずしてほしいのが、自分自身のモチベーションの確認です。

本当に情熱を持って、この仕事に取り組めているのか。自分自身が心から納得して仕事に向き合っていなければ、周囲の本当の共感は得られません。

周りがわくわくするぐらいの情熱を語り続けているか、自分は本当に「本気」なのだろうか。そんな「本気度」を測るバロメーターがあります。

全部で三つです。一つ目は**協力者が現れるか**です。自分の目標やビジョンに共感し、「一緒につくっていきましょう」「協力させてください」と言ってくれる人が周りにいますか。協力者が一人でも見つかれば、その先には同じような人が必ずいます。

バーベキューの火おこしにたとえると、いわば自分が火元となり、協力者を反対側に置いて炭を組み、火のつきにくい人に火をつけていく。そのための最初の一人となる人です。

二つ目は、「本気」の行動を**恥ずかしいと思わない**ことです。チームを率いていくには、メンバー一人ひとりに「心の報酬」を渡していくことが重要です。それには笑顔で接したり、ねぎらったり、そっと寄り添ったりと、さまざまな働きかけが必要です。

それを「恥ずかしい」「自分のキャラじゃない」「バカみたいではないか」などと思っているうちは、まだ本気ではありません。「恥ずかしい」と思うのは、自分が「周りからどう見られているか」が大事だからです。周りの目が気にならず、恥ずかしいを乗り越えて成し遂げたいものがある。だから恥ずかしがらずにできる。それが、本気なのです。

三つ目は、**すべてがアドバイスにしか聞こえない**状態です。自分の取り組みを誹謗中傷する人が出てくるかもしれません。「『心の報酬』なんて、部下を甘やかすやり方はダメですよ」と言われたら、「そうか、そういう見方をする人もいるんだ。納得させるためには、やはり実績をつくらないとダメだ。実績をつくって証明していくことが大事だな」。そう思える状態です。

「あなたにできるわけがない」と言われたら、「そうか、いまの自分ではできないなら、何をプラスすれば、できるようになるだろう?」と考える。

すべてをアドバイスとして受け止められれば、何を言われても傷つかず、「もう無理だ、あきらめよう」とはなりません。すべてを糧にして、実現に向かっていけます。

逆に言えば、本気の人間に対しては、ほめる必要もないのです。すべてがアドバイスにしか聞こえないからです。

迷ったときは人相で選ぶ

リーダーは、さまざまな場面で決断を求められます。決断に迷ったときの判断指標は人によってさまざまですが、私は「人相」の変化で決めるようにしています。「どちらを選ぶほうが、自分の人相がよくなるか」です。

損得で選ぶと、その判断が間違っていたとき、「損をした」と後悔することになります。人相がよくなるほうを選ぶなら、そうした後悔はありません。人相で選ぶと、その時点では苦しい思いをすることもあります。それでも「こちらを選ぶと、自分の中にやましい気持ちが生まれる」と思うなら選ばない。やましい気持ちを抱えて人相が悪くなるぐらいなら、いま損したり苦労するほうを選びます。

人相を判断基準にして後悔したことは一度もありません。目先で損をしても、やましくない道を選んだことは、のちのち大きな財産となって返ってきます。やましさを排除することで、自分の中の魅力が高まっていくからです。

よく言われるように、リターンはあとで受け取るほうが大きくなります。さらに言えば受け取らないことが一番大きく、与えて、与えて、与え続ける。それが後にどのようになるかわかりませんが、おそらく想像を超えた形で返ってきます。想像できる範囲なら、まだまだ小さい。「ここから返ってくるのか！」と、驚くようなものが来ることがあるのです。「心の報酬」を渡す生き方をしていれば、それを実感することができます。

「心の報酬」は種蒔きと同じですから、蒔いたあとしばらくは変化が見られません。それでも時間が経てば、芽が出て花が咲いて実をつける。同じように時間がどんどん味方をして味方が増える、応援者が増える、共感者が増えていきます。それがわかっているから、損得ではなく「人相」で判断するのです。

ほめるところのない部下には、切り口を変えてエピソード

部下の中には「ほめたいのに、ほめるところが見つからない」という人もいるかもしれません。その場合は、その人に関するエピソードを思い出すことをお勧めします。

セミナーでよく受講者に、「こんな人がいないか思い浮かべてください」と問いかけま

す。たとえば「新しいことに挑戦している人」「最近、頑張っていると思える人」「縁の下の力持ち的な仕事をしてくれている人」といった具合です。

「いまいるスタッフのほめるところを探してください」と言っても何も思い浮べられない人でも、具体的な場面をイメージしてもらうと、「そういえば、あいつはこの間……」と何かしら浮かんでくるのです。

「ほめるところがない」と思っていた部下も、具体的なエピソードを思い出すことでほめることが見つかりやすくなります。6章でも述べたように、人間の脳はエピソードと絡めたほうが記憶しやすく、エピソードとして思い出すことで、忘れていたことでも思い出しやすくなります。

その部下について切り口を変えて思い出すエピソードはないか、自分の脳に問いかけてみるのです。脳は質問すると、その答えを一生懸命探そうとします。「あのときは人手が足らなくて、休みを返上してプロジェクトの仕上げにつきあってくれたな。本当に助かったな」「入ってきた頃はミスだらけだったけど、あの頃と比べれば、ずいぶんミスが減ったよな」。そんなことを思い出した瞬間、その部下にかける言葉の調子や表情が変わり、不思議なぐらい関係性が変わってきます。

「君も頑張っているよね」といった、声がけもしやすくなります。「心の報酬」を渡しやすい関係ができるのです。

「合うタイプ」と決めて接する

チームのメンバーの中には、自分と合いそうな人もいれば合わなさそう人もいるものです。話をしたり一緒に仕事をする中で、「彼は私のことを尊敬してくれている」「彼女は私を苦手と思っている」といったこともわかってきます。

よいチームをつくるには、最初から、いや会う前からメンバー全員が「自分と合うタイプ」と決めてしまうことです。「自分と合う」と決めて、そう接します。

実際に接して「合う、合わない」を決めるのではなく、接する前から「合う」と決める。「彼は私と最高に相性のいい人」と決めて接すれば、実際そうなることが多いものです。たとえ相手の態度がそうでなくても、「彼は恥ずかしがり屋で、表に出していないだけなんだな」と考えます。

大事なのは、まず思い込むことで、思い込むことに何の副作用もありません。相手の態度は関係ないので、誰が相手でもできます。ふと思い出したとき、気の合う人にするように「おっ！」とか「どう？」などと声をかける程度でも十分です。

相手が露骨に気の合わない態度を見せても、そこは気にしません。「表面的な態度に騙されないよ。本当は私のことが好きでしょう」と思うのです。

私は、部下に対してはもちろん、講演や研修の参加者にも同じように考えます。「今日の参加者は、ものすごく僕の話を求めていて、僕のことを最高に気に入ってくれている。終わったあとは僕のファンになってくれる人ばかり集まっている」と思って話します。なかには露骨に「面倒くさいな、この研修」という態度の人もいますが、「そんな態度には騙されませんよ。本当は僕の話が心に響いているんでしょ」と思っています。実際そのようなケースもあり、ある自治体で講演会をしたときです。ずっと腕組みをして、にらみつけるような顔で話を聞いている人がいました。終了後に私のところへ来て、娘の話をされたのです。

彼の娘は七年ほど前に家出同然で家を出て、その後ずっと連絡が途絶えていたそうです。ただフェイスブックで様子はわかっていて、子どもができたことも知っていました。その日の講演では、反抗期の娘が父親の前でボロボロ泣いた話が出て、それを聞いて彼は娘のことを思い出したそうです。
「今日の西村さんの話を聞いて、ちょっと娘に連絡をとってみようと思います」と、わざわざ伝えに来てくれたのです。つまり私の話は、とてつもなく響いていて、響きすぎてにらみつけるような怖い顔になっていたのです。やはり「その態度には騙されないよ」は正しかったのです。

「打率でなく打席数」という考え方

たとえば野球で、三割打者と二割打者を比べれば、三割打者のほうが優秀と言えます。とはいえ打率の低い選手でも、打席の数が多ければヒットの数は増えます。三割打者が三〇打席ならヒット数は九本ですが、二割打者でも一〇〇打席なら二〇本になります。

リーダーが部下を見るときも「打席数」、つまり挑戦した回数で見る視点は大事です。営業で成績が伸びない部下がいれば、まずは回数をこなすことを考えさせます。それが成果につながることもあります。〝打席数〟の低い部下には、まずは回数をこなしたくなるモチベーションを与えることです。

私が不動産会社で住宅営業をしていた頃、所長からこんな言葉を言われました。「俺はお前に何件契約を取ってこいなんて一つも思っていない。大事なのは何件断られて来るかだ。断られた数だけ君の成長だから、たくさん断られておいで」。そう言って、自分の顧客リストまで渡してくれました。

住宅営業にとって一番怖いのは、断られて顧客リストが減ることです。だから訪問を避けてしまいがちになるのですが、それを所長は「全部潰していけ。ランクCの顧客をいつまでも持っておくな。ランクBもリストから消せ。俺のリストも全部潰してこい」と言って、どんどん回らせたのです。その結果、私はトップセールスの成績を残すことができました。

私が覆面調査会社を立ち上げたときも、部下に同じようなことをしました。断られるのが嫌で営業に行きたがらない部下に、「断られる理由を集めに行ってくれ」と頼んだのです。「断られる理由が集まったら、それに対するカウンタートークを考える。だから、まず断られる理由を五〇ほど集めてきてくれ」というわけです。

「わかりました」とその社員が出掛けたところ、一社目で契約が取れました。結果を出さなくても、ただ五〇社訪問するだけでいいと言われ、肩の力が抜けたのでしょう。

2章で紹介した焼鳥居酒屋チェーンでも、ちょっと変わったチラシ配りをしました。宣伝ではなく調査の名目で、周辺の企業にチラシを配りに行くのです。「ここから歩いて五分のところに焼鳥店があるのですが、ご存じですか」「焼鳥はお嫌いですか？」といった具合で、「知らない」と言われれば「そうですか、これチラシです。今度持って来てくだされば、最高の笑顔をプレゼントします」と言って渡して帰るのです。

ただ質問をするだけで、「来てください」ではないので、断られることはなく、傷つくこともありません。そして配るチラシには四隅の一つに線を引き、右上は月曜日、左上は火曜日などとわかるようにします。持って来たチラシの線を見れば、自分が配ったチラシで来てくれたお客様だとわかります。それが継続させるモチベーションとなり、結果につなげることができたのです。

「信じる」ではなく「知っている」

相手のよいところを探し、ほめるのはチームビルディングに欠かせない作業です。とはいえ、「叱らない」「指導しない」という話ではありません。必要な場面では、しっかり叱るし、指導もします。叱るのは「それを守らないと周りに迷惑がかかる」「組織が目指す方向に進まない」というような場合で、理由を説明して「だから、しっかりやってください」と伝えます。

伝えたからといって、相手がすぐに理解できる、行動できるとは限りません。伝えたのに何度も同じ失敗をする人は、伝えた内容がわかっていない、腹落ちしていない場合もあり、まずはそこから押えておく必要があります。納得しても、それが行動に変換されるまでに時間がかかる人もいます。

ここでリーダーは、その人ができるようになるのを「信じて待つ」ことが大事かというと、少し違います。じつは「信じる」は悲しい言葉で、「私はあなたを信じている」と言うとき、人はその裏側で二割疑っています。疑いがゼロになる境地は何かというと、「知っている」です。

「君が成功することを僕は知っているよ。何があっても、それは失敗ではなく気づきだから。いま君は成長していて、成功に向かっているよ。僕はそれを知っているからね」。信じているのではなく、「知っている」なのです。

たとえ周りはそう思わなくても、少なくとも僕はそう思っている。そういう思いで相手を見ます。

私がそう思えるのは、ほめ達の活動を通じて実際に経験しているからです。その人のいいところを見つけて、そこを認めてアドバイスすると人は必ず成長する。そういう事例をたくさん見ているから、「君は成長すると知っている」と言えるのです。

だから「信じている」ではなく「知っている」のレベルにあるリーダーは、本当に強いのです。「ダメなやつ」と思っていた部下が、驚くほどの成長を遂げた。そんな事例をたくさん見てきたリーダーは、「知っている」の境地に行けるのです。

「知っている」の境地は、経験しなくても至れます。人間は「ろうそくの炎は熱い」ことを知っています。しかし知るためにろうそくの炎を触った人は、そうはいません。それでも「知っている」と言える叡智を持っています。

過去を振り返って、ものすごい成長を遂げた部下がいなかったか、ちょっとした変化の兆しが見られる部下はいないか、具体的なエピソードを思い出す。素晴らしい成功体験を思い出すことで「知っている」のレベルになる。それが自分や部下に希望や光を見いだすことにつながるのです。

落ち込んだときの対処法

「心の報酬」を渡すには、自分の心が満たされていることが大事です。とはいえ、そうも行かない場合もあり、私自身、長い時間落ち込んだり、心がざわついたりすることもあります。そんなとき私が行っているのが、雑貨屋などへ行って、ちょっとしたプレゼントを買うことです。

スタッフやスタッフのお子さんに小さなプレゼントを買い、「はい、これプレゼント。家に持って帰って子どもさんに渡してください」と手渡すのです。

プレゼントを買っている時点で、自分の中で「私はいい人」と思うことができます。いわば「感謝の先取り」で、感謝される自分をイメージするだけで、ずいぶん気が晴れます。

また私の知人には、モチベーションが下がってきたら、極めてネガティブな友人に電話をかけます。相手があまりにネガティブなことしか言わないので、「これはいけない。自分はちゃんとしよう」と思い、モチベーションが上がるそうです。

もう一つ、これも私が何度もやってきた方法です。目の前に壁しか見えず、真っ暗闇の中にいるような気持ちになった場合、次の質問を自分にぶつけます。「これは何のチャンスだろう?」

似て非なる言葉に「ピンチはチャンス」がありますが、これとの違いは自分自身に明確な質問を問いかけていることです。人間の脳は質問の形で問いかけると、答えを一生懸命探そうとするのです。

大切なのは質問しておくことで、すぐに答えが出なくてもいいのです。脳は天邪鬼《あまのじゃく》でもあり、質問した瞬間にはいい答えを出さないこともあります。それでも質問しておくと、潜在意識の中で、質問されたことの答えを考え続けます。考えて考えて、ふっとほかのことに意識を移した瞬間、答えがひらめくのです。

「これは何のチャンスだろう?」と質問しておくことで、いずれ真っ暗闇の中に一筋の光が差すようなアイデアが必ず浮かんでくるのです。

つらいときの相談相手のつくり方

リーダーである限り、多かれ少なかれ「心の筋トレ」を避けて通ることはできません。筋トレの目的は部下を育て、率いていく力をつけることですが、人材育成に限界があることも確かです。

筋肉痛を超えて肉離れするレベルまで負荷をかけたのでは、心が壊れてしまいます。筋トレも大事ですが、それ以上に自分を大事にする。栄養や休養を少しとったぐらいで回復しない痛みなら、それは筋トレのレベルを超えています。

とくに最近は人手不足ということで、採用のときに学生を徹底的に甘やかします。多くの学生に内定を出しても実際に残るのはその一部というのが当たり前で、少しでも多くの学生を採ろうと甘やかし、それに慣れた学生がたくさん入ってきます。一方で現場は結果が求められ、かつ育成も求められます。現場のリーダーの負担は大変なものです。

痛みに耐えるのは、栄養や休養で回復し心の健全性を保てる範囲にとどめる。

大切なことは、まずは自分の心を守るということです。そして、相談できる人をつくっておくということ。愚痴や悩みを聞いてくれる人を、一人でもいいからつくっておくこと。問題を解決してくれる人を探すのではなく、ただ、話を聞いてくれる人を探すこと。

もし、そんな人が、自分には一人もいないという人は、私にご連絡ください。「ほめ達！」協会のホームページからメールいただければお返事差し上げます。問題の解決まではお約束できませんが、メールを通して、お話を聞かせていただくことはお約束します。

「傷つかない」と決めた人

リーダーが仕事でつきあう相手には、上司やお客様もいます。上司やお客様とのつきあい方に悩み、心が疲弊する人も少なくありません。そうした人たちに、ちょっとした考え方のヒントをご紹介します。

セミナーの受講者から、部下にまったく反応しない上司について相談を受けたことがあります。挨拶しても返さない。顔も上げずピクリとも動かない。接していると、心がつらくなるとのことでした。

「お地蔵さんと思えばいい」と私はアドバイスしました。挨拶しているのに返事もしない、顔も上げない、ピクリとも動かない。これはもう人ではなく、お地蔵さんです。お地蔵さんが動いたら、むしろ怖いです。

お地蔵さんですから、その上司はその職場を守ってくれる守り神です。粗末にしたらバチが当たるから、毎朝、満面の笑みで「おはようございます」と挨拶します。心の中で手を合わせて、「今日もありがとうございます」と言います。

ときにお供え代わりに、お菓子の差し入れもします。すると相手は変わらなくても、こちらの気持ちが楽になります。毎日お地蔵さんだと思って挨拶していれば、半年に一度、一年に一度でも動いたら、「あ、お地蔵さんが動いた」と楽しくなります。

一方で周囲の目も変わります。「彼は偉い。返事を返さないあの上司に、毎朝満面の笑みで挨拶している。人間ができている」となります。

上司にしても、毎朝満面の笑みで挨拶してくる相手を憎く思うはずはありません。あなたがピンチになったり失敗したときに、すっと立ち上がり助けてくれるかもしれない。笠地蔵の恩返しは大変なものだから、それを楽しみにすればいい。

そんな話をすると、「わかりました」と笑顔で帰られ、半年後たまたま会ったとき、その後の様子を尋ねてみました。「お地蔵さん、けっこう動きます」と楽しげに報告してくれました。人間だと思うから動かないように見えるけれど、お地蔵さんだと思って見ると、けっこう、うなずいていたそうです。その上司なりに会釈をしていたのです。

一方、お地蔵さんとは真逆の上司もいます。お地蔵さんならまだよい、じっとしているから。小さなことで呼び出されて、かみつくように注意をしてくる。そんな上司には、どのような心持ちで接すればいいか、質問を受けたことがあります。「滝だと思ってください」と答えました。「滝行」と思って上司のもとへ行く。上司の言葉を聞きながら、「今日は雪解けで水が冷たいし、水の量も多いな」などと観察する。言葉ではなく「滝」で、これは「滝に打たれる修行」と思えば、それはそれで楽しめます。

もう一つ、つらい職場にあって「傷つかない」と決めた人の例をご紹介します。彼はほめ達の認定講師で、ある市役所の税金の督促Gメンでした。滞納している市民税や固定資産税の徴収に行くのですが、最初は丁寧にお願いし、それでも納めないと、最後は強い口調で言うことにもなります。

相手は逆切れして、「誰にものを言っているんだ！」「思い知らせてやるから待っていろ！」「お前、家族はいるのか！」などと脅迫まがいのことを言われることもあります。「お前の給料、誰から出ていると思っているんだ！」と言われたりもします。「少なくとも、お前ではない」と心の中でつぶやくそうですが、やがて彼は言われた言葉を収集する「罵詈雑言《ばりぞうごん》ノート」をつくりました。それを見て「過去にこんなことを言われた」「この言葉はきつかった」などと振り返るうちに、「傷つかない」と決めたのです。そして滞納者とのやりとりを観察することにしました。

その日言われた言葉について、「これはよく出てくるフレーズだ」「これは新ネタだ」などと思いながら記録する。「わかりました。私に死ねと言うんですね」と言われたときは、かなり堪えたそうです。

いまでは集めた罵詈雑言ノートを持って、全国の督促Gメン相手にボランティアで講演をしています。言われた罵詈雑言を紹介しながら、心の保ち方などを伝えています。

また彼は市の弁護士さんの協力のもと、過払い金の回収もしています。納税しても、まだ残るぐらいの額を回収する。それで喜ばれることもあり、これもまた心の支えになっているそうです。

自分が言われてうれしいほめ言葉101

かっこいい、かわいい、綺麗、美人、男前、品がある、
活き活きしている、若々しい、知的、賢い、明るい、楽しい、
優しい、素直、正直、親切、丁寧、誠実、真面目、冷静、
温かい、爽やか、愛想がよい、笑顔が素敵、性格がいい、
おもしろい、心が広い、愛情が深い、輝いている、礼儀正しい、
愛がある、思いやりがある、気が利く、心配りが出来る、
面倒見がよい、周りをよく見ている、
人のことを考えることができる、言葉遣いがいい、センスがいい、
おしゃれ、話し上手、聞き上手、努力家、勉強家、まめ、
行動力がある、仕事が出来る、判断力がある、根気がある、
持続力がある、頑張っている、ポジティブ、粘り強い、
影響力がある、信頼できる、切り返しが上手い、
きっちりしている、ユニーク、アクティブ、社交的、
アイデアマン、段取りがよい、テキパキしている、効率がよい、
話がうまい、落ち着きがある、君しかいない、頼りになる、
一緒にいたい、一緒に生きたい、ついて行きたい、安心できる、
ほっとする、和む、癒される、理想的、人に勇気を与える、
素の自分が出せる、心が洗われた、パワーをもらえた、
あなたといると元気になれる、何でも相談できそう、
人の成功を喜べる、友達が多い、
常に相手のいいところを探している、知識が豊富、ありがとう、
すごい、感謝、さすがだね、やりますね、君で良かった、
助かった、会えてよかった、かけがえのない人だ、
太陽の様だ、やっぱりあなたでよかった、バランスがいいね、
信念を持っている、すばらしい、素敵

「ほめ達！」研修実践確認チェックシート

お名前＿＿＿＿＿＿＿＿＿＿　研修受講日　　年　　月　日

評価：○実践できている　△時々は出来ている　×まだ出来ていない

実践確認項目 ～微差の積み重ねの実践～ 空欄には自分で考えた項目を記載してみてください。	やってみよう！ 実践項目に○	自己評価 1ヶ月後 月　日	自己評価 2ヶ月後 月　日	自己評価 3ヶ月後 月　日	備考	他者評価 月　日
「すみません」を「ありがとう」に						
「ほめ達！」３Sを意識して使う						
家庭で共感脳の実践						
笑顔して、相手の笑顔スイッチオン						
二言挨拶の実践						
目を見て話を聴く						
メモを取る						
質問してほめる						
小さな頼みごとをして、感謝を伝える						
相手の名前に関心を持つ						
言われたい言葉を意識する						
自分の感情を観察する						
グッドアンドニューの採用・実施						
全力の拍手						
握手の習慣						
「量稽古」の意識						
「3年先の稽古」の意識						
「惜しい」をつかってアドバイス						

実践感想コメント

評価者からのコメント　評価者のお名前：

講師からのコメント　講師名：

■「ほめ達！」研修実践確認チェックシートについて■

①	②	③				④
実践確認項目 〜微差の積み重ねの実践〜 空欄には自分で考えた項目を記載してみてください。	やってみよう！	自己評価			備考	他者評価
	実践項目に○	1ヶ月後	2ヶ月後	3ヶ月後		
		月　日	月　日	月　日		月　日
「すみません」を「ありがとう」に						
「ほめ達！」3Sを意識して使う						
家庭で共感脳の実践						
笑顔して、相手の笑顔スイッチオン						
二言挨拶の実践						
目を見て話を聴く						
メモを取る						
質問してほめる						
小さな頼みごとをして、感謝を伝える						
相手の名前に関心を持つ						
言われたい言葉を意識する						
自分の感情を観察する						
グッドアンドニューの採用・実施						
全力の拍手						
握手の習慣						
「量稽古」の意識						
「3年先の稽古」の意識						
「惜しい」をつかってアドバイス						

オリジナル内容を
書込みください。

① 実践確認項目を確認し、実際にやってみましょう！

②「できそうなもの」「取り組んでみたいもの」を実践項目に○してください。
※空欄にさらにオリジナルの内容を書き込んでもＯＫです。

③ 自己評価の1ヶ月後、2ヶ月後、3ヶ月後の日付を記入してください。

それぞれの時期に、自己評価を付けてください。

④ 他者評価は任意です。

他者評価までしてもらう場合は、①、②を終了したのち、
記入後のチェックシートをコピーして、評価してもらう人に渡してお使いください。

〈著者略歴〉

西村貴好（にしむら　たかよし）

一般社団法人日本ほめる達人協会理事長、有限会社C's（シーズ）代表取締役。

1968年生まれ。関西大学法学部卒。大手不動産会社に入社し、最年少トップセールスを記録。その後、家業の不動産管理会社に専務取締役として就任。ホテル運営において、人材定着不足に悩む。その中で「ほめて伝える」効果に気付き、たった1年で数百万円掛かっていた人材募集費を0円にする。

2005年ほめる調査会社「C's」創業。ほめる仕組みで人と組織を活性化。橋下徹元知事が大阪府の調査を2年連続で依頼。その様子をNHKが「クローズアップ現代」で全国放送。採用企業の業績は平均120％に。3ヶ月で売上を161％に伸ばす企業も。

2011年に一般社団法人日本ほめる達人協会を設立し理事長に就任。「ほめ達！」検定をスタート。NHKが日本の心の内戦を終わらせる取り組みとして、2年間で20回取り上げる。

2018年の講演回数は225回。一年間の延べ聴講者数は12,911名。講演、セミナー、研修のこれまでの実績先に、NTTグループ、株式会社三井住友銀行、スカイマーク株式会社、日本KFCホールディングス株式会社、鳥取県、関西大学、ECC外語学院などがある。

おもな著書に、『繁盛店の「ほめる」仕組み』（同文館出版）、『ほめる生き方』（マガジンハウス）、『ほめる達人が教える人に好かれる話し方41』（三笠書房）、『ほめ下手だから上手くいく』（ユサブル）などがある。

一般社団法人　日本ほめる達人協会　公式ホームページ
（「ほめ達！」検定など全ての詳細は、こちらからご確認を）
https://www.hometatsu.jp/

「ほめ達！」公式ポッドキャスト
http://homerumedia.jp/podcast/
（毎週金曜日更新の音声コンテンツ）

「ほめ達！」メールマガジン登録
https://mielca.com/mielca_hometatsu/PublicMailMagazineEntry.aspx#top
（毎月第2・第4月曜日発行、ほめ達最新情報）

リーダー必読！　「ほめ達」の極意
やる気を引き出す「心の報酬」

2019年12月24日　第1版第1刷発行

著　者　西村貴好
発行者　後藤淳一
発行所　株式会社ＰＨＰ研究所
東京本部　〒135-8137　江東区豊洲5-6-52
出版開発部　☎03-3520-9618（編集）
普及部　☎03-3520-9630（販売）
京都本部　〒601-8411　京都市南区西九条北ノ内町11
PHP INTERFACE　https://www.php.co.jp/

組　版　朝日メディアインターナショナル株式会社
印刷所
製本所　凸版印刷株式会社

　ISBN978-4-569-84570-8

PHPの本

素直な心になるために

松下幸之助 著

著者が終生求め続けた〝素直な心〟。それは、物事の実相を見極め、強く正しく聡明な人生を可能にする心をいう。素直な心を養い高め、自他ともの幸せを実現するための処方箋。

定価 本体一、〇七〇円（税別）

PHPの本

誰にも負けない努力

仕事を伸ばすリーダーシップ

稲盛和夫 述

稲盛ライブラリー 編

次代を担う、これからのリーダーに贈る！　生き方・考え方・働き方を根底から変える！　至高の指導者が放つ43の「ど真剣」メッセージ。

定価　本体一、三〇〇円（税別）

PHPの本

PHPの本

［改訂新版］松下幸之助　成功の金言365

運命を生かす

松下幸之助 著
PHP研究所 編

装いも新たに『松下幸之助　成功の金言365』の［改訂新版］が刊行。1日1ページ。読んで、考えて、自己変革を遂げたい人に贈る！

定価　本体一、四〇〇円（税別）